愛知大学綜合郷土研究所ブックレット

32

# 正徳・享保期の三河吉田藩

## 松平信祝とその時代

橘　敏夫

●目　次●

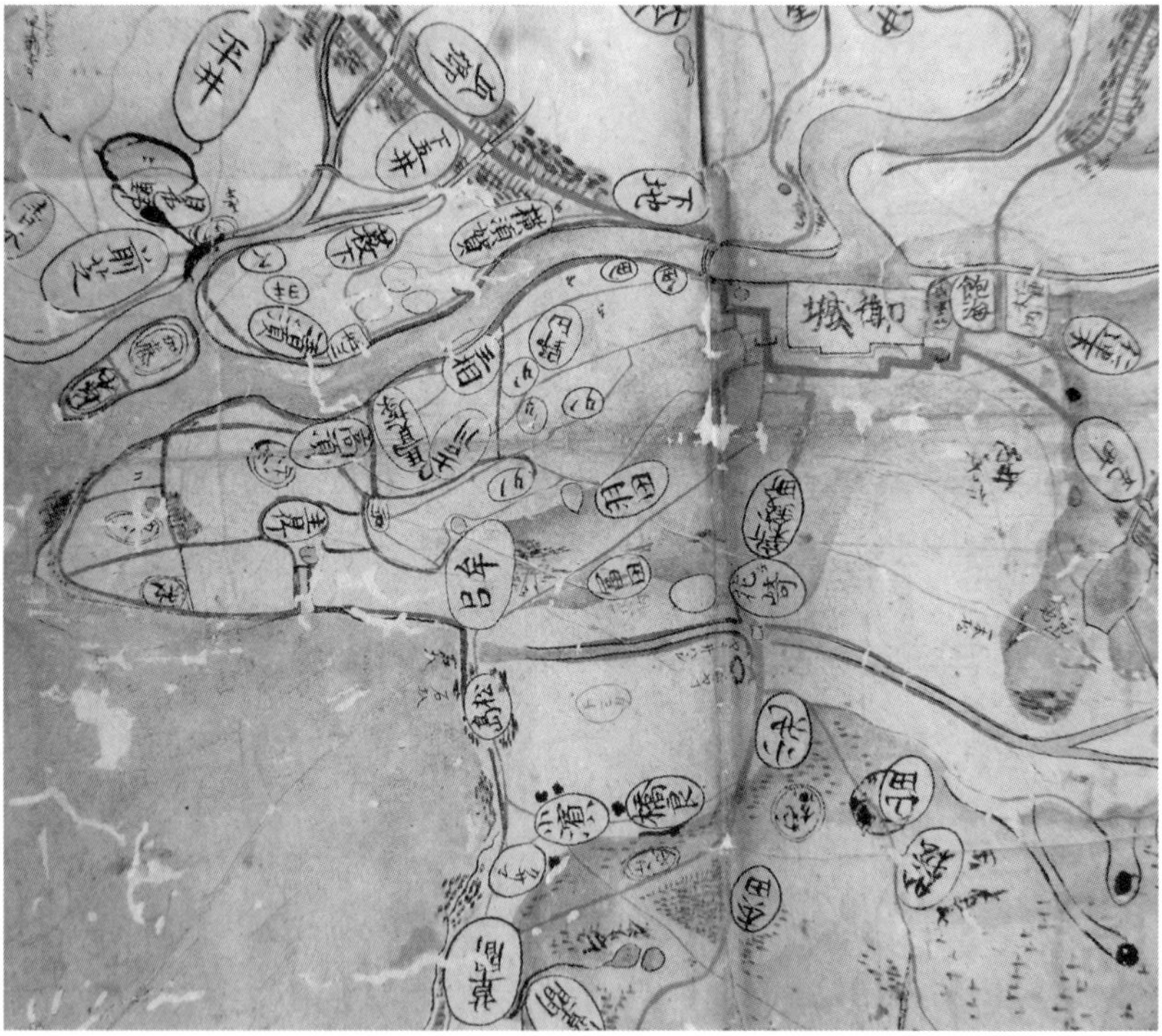

写真１　吉田御領分絵図下図　江戸時代後期〔部分〕（豊橋市美術博物館蔵）

吉田川の下流左岸に並ぶ野田・三相・馬見塚・吉川・羽田の五か村が吉田方村。本書では「吉田方五か村」の呼称を使用。馬見塚の対岸に、川サキ（崎）とあるのは馬見塚村の一部。

# はじめに

江戸時代、現在の愛知県豊橋市に吉田藩がありました。伊予吉田藩（愛媛県）との混乱を避けるために、三河吉田藩という場合もあります。吉田という地名が豊橋に改名されたのは、明治二年（一八六九）のことですから、すでに一五〇年以上が経過したことになります。したがって、江戸時代の歴史に関心がない場合は、豊橋という呼び方が普通に感じられるでしょう。

しかし、現在の豊橋市域のほとんどと、豊川市・田原市・蒲郡市、静岡県湖西市の一部が、吉田藩領だったことからすれば、吉田という地名を大切にする必要があります。江戸時代の東海道の宿場名は吉田宿、伊勢への参宮船の発着地は吉田湊です。鍛冶職人のつくる吉田鎌というように、吉田を冠したものもあります。ただし、下級藩士の内職からはじまった筆作りの製品は、豊橋筆と呼びますから、すべてが吉田という訳ではありません。

吉田藩の研究は、戦前は大口喜六『国史上から観たる豊橋地方』、戦後は『豊橋市史』などの自治体史が担ってきました。近年では、久住祐一郎氏の『三河吉田藩・お国入り道中記』『三河吉田藩』『江戸藩邸へようこそ　三河吉田藩「江戸日記」』が好評です。

筆者も数編の論考を発表するとともに、愛知大学春学期共通教育科目「歴史学」

のなかで、吉田藩について取り上げてきました。こうしたこれまでの成果に、新たな知見を加え、このブックレットを執筆しました。

正徳・享保期の吉田藩に限定した理由は、松平信祝が松平伊豆守家ではじめて吉田藩主になったこと、その期間が正徳二年（一七一二）～享保十四年（一七二九）の一七年間であったこと、そして関係する史料が豊富に残っていること、一部を除き、それらが活字化されて刊行されていることです。江戸時代は二六〇年余り続きましたから、十七年間は短い期間です。それでも豊富な史実を紹介しています。ブックレットによって、吉田藩がより身近になることを期待します。

三河吉田——愛知県豊橋市。
日向延岡——宮崎県延岡市。
下総古河——茨城県古河市。
三河刈谷——愛知県刈谷市。
徳川綱吉——将軍になる以前は上野館林城主で、館林宰相と呼ばれる。
下総関宿——千葉県野田市。

# 一　松平信祝、三河吉田に入る

## ◉——牧野家から松平伊豆守家へ

正徳二年（一七一二）七月十二日、牧野成央が三河吉田から日向延岡、松平信祝が下総古河から三河吉田、三浦明敬が延岡から三河刈谷、本多忠良が刈谷から下総古河に入ります。

牧野成央は、五代将軍綱吉のもとで側用人をつとめた牧野成貞の孫です。成貞は、館林時代の綱吉につかえ、側役から家老になり、綱吉が将軍になるにしたがい、側用人になります。この間、俸禄は加増され、天和三年（一六八三）に下総関宿城五万三千石、元禄元年（一六八八）には七万三千石となります。元禄八年に致仕し、大夢と号します。跡を継いだ成春が、宝永二年（一七〇五）に七千石を加増され、八万石で三河吉田に入りました。この領知高は、吉田藩としては最大です。長く側用人をつとめた成貞に対する配慮でしょう。宝永四年に成春が二六歳で死去すると、九歳の成央が跡を継ぎます。

大夢は亡くなる正徳二年六月まで成春・成央を後見したようで、宝永七年三月には、大殿として吉田を訪れています。しかし、大夢が死去すると、成央は所替を命ぜられます。牧野家の最大の庇護者である将軍綱吉は宝永六年正月に亡くなり、後

**若年**――吉田藩主松平忠利が寛永九年（一六三二）八月に亡くなると、一四歳の忠房は跡目を相続したが、若年を理由に即日三河刈谷に所替となる。

**今切関所**――東海道新居宿に所在。元禄十五年（一七〇二）八月から吉田藩が管理。

写真２　所替につき申渡（愛知大学綜合郷土研究所蔵）

見人も失いました。成央自身が一四歳とまだ若年で、藩政を主導するには無理があると、幕府が判断した結果でしょう。さらに、吉田の重要性です。吉田は交通の要衝です。江戸時代の最重要街道である東海道が通り、脇街道である本坂通への接続もあります。吉田の船町湊は、三河山間部と東西航路の中継地、伊勢参宮船の発着地です。

吉田藩は遠江国の今切関所を管理する立場もありました。こうした諸事情から、牧野家に替えて、松平伊豆守家を吉田に配置したのでしょう。

牧野家は、正徳二年七月十六日に五か条の触書を出し、領内に所替を告知します。渥美郡馬見塚村では翌日の十七日に百姓たちが村役人宛の請書を作成しました（写真２）。

①このたび吉田から延岡へ所替になるので、大小の百姓へ申し聞かせる。山林・四壁の竹木を猥りに荒らさない。兼々命じているが、一本も伐り取らない。背いた場合は、曲事とする。

②常々命じているが、諸事慎み、わがままとみなされることを行わない。背いた場合は、曲事とする。

③喧嘩・口論、博奕・諸勝負は厳重に慎む。

④これまで通り他所の者を許可なく一夜たりとも宿泊させない。ならびに遠方に出掛けない。やむを得ない場合は、指示にしたがう。

**知行取**——俸禄を一〇〇石というように、石高で示される家臣。

**扶持米取**——俸禄を一〇人扶持というように扶持米で示される家臣。

**切米取**——俵取と現金支給とがある。

**物成**——俸禄の実収入。一〇〇石取は四つ物成（四割収入）で手取り四〇石となる。

**路金**——路銀とも。交通費のこと。

**武蔵忍**——埼玉県行田市。

**同国川越**——埼玉県川越市。

**金二〇〇疋**——金二分。一両の半分。

⑤火の元は一段と念を入れ、大切にする。

松平伊豆守家では吉田の請取事務が本格化する直前の九月八日、所替拝借金を許可します。俸禄にしたがい段階的に金額を設定し、知行取・扶持米取・切米取の各層に配慮しています。今回の拝借で不足する場合は、吟味のうえで内証で物成のなかから貸付する、との指示も出ています。

請取のために十月十四～二十一日に一番立～五番立と順次家中が吉田に向かいます。十月二十一日、路金を一〇〇石につき金一両ずつの催合金とし、江戸詰の知行取は夏貸米を止め、月貸米とすること、が命ぜられます。

松平伊豆守家の所替は、最初が武蔵忍から同国川越、次が同所から下総古河で、いずれも関東内でした。しかし、今回は三河吉田という遠隔地であり、これに応じた様々な対策が必要となります。荷物輸送用の廻船、通信を確保するための町飛脚、参勤交代用の駕籠と同舁手の人足を確保するための商人との間で請負契約を結びました。廻船業者は、大嶋屋次郎右衛門（のち森下宗助）と伊勢屋理右衛門、町飛脚は、京屋弥兵衛と越前屋八兵衛、駕籠と同舁手人足は、筑後屋弥五兵衛・三河屋久右衛門・加賀屋喜兵衛・駿河屋久兵衛・常陸屋彦五郎・忍屋五左衛門です。さらに、東海道品川～二川宿の三三か宿に対し、一か宿に金二〇〇疋ずつを給付しました。十一月朔日に今切関所、翌二日に吉田の請取を終了しました。

額田郡大河内郷――岡崎市大平町。

寺津城――愛知県西尾市。

## ◉――松平伊豆守家とは

松平信祝は、藩祖松平伊豆守信綱の曾孫にあたります。松平伊豆守家は遠祖を源頼政とします。治承四年（一一八〇）の宇治川の合戦で頼政と次男兼綱が戦死したとき、兼綱の子顕綱は逃れて三河国額田郡大河内郷に来住し、大河内源太と名乗り、足利氏に仕えます。これが姓を大河内とするきっかけです。こののち大河内氏は、三河国に勢力を張り、諸流に分かれますが、そのなかのひとつ臥蝶大河内氏は、三河国幡豆郡に住し、寺津城に拠ったようです。

臥蝶大河内氏の一一代秀綱は、吉良氏に仕えますが、家臣との対立から伊奈忠次の許に身を寄せたのがきっかけで徳川家康に仕え、遠江国山名郡内に領地を与えられます。天正十八年（一五九〇）に家康が関東に移封された際には、武蔵国高麗郡で七一〇〇石を与えられます。

秀綱の次男正綱は、家康の命で天正十五年に長沢松平家の松平正次の養子となり、文禄元年（一五九二）からは家康に近侍します。関ヶ原の戦い、江戸開府を経、大御所となった家康が率いた駿府政権下でも同様です。正綱は財政能力を発揮し、初期の幕政においては勘定頭として活躍します。特に、日光と箱根の植林は著名です。俸禄は当初、三八〇石でしたが、二万二千石余に累進します。

藩祖信綱は、正綱の兄久綱の子で、叔父正綱の養子となります。慶長九年

**島原の乱**——島原天草一揆とも。信綱とともに出陣した家臣は島原扈徒と呼ばれる。

（一六〇四）七月、後に三代将軍となる家光が誕生すると、その小姓となります。これが松平伊豆守家が躍進するきっかけです。元和九年（一六二三）に家光が将軍になると、信綱は小姓組番頭となり、従五位下伊豆守に任ぜられます。寛永九年（一六三二）に老中に準じ、翌年には正規の老中となります。俸禄は最初の三人扶持から度々加増され、寛永四年に一万石の大名となったあと、同十年に武蔵忍城主三万石、同十六年には同国川越城主六万石、さらに正保四年（一六四七）には七万五千石に累進します。

信綱には、幕藩体制の確立期である寛永年間から様々な事績があり、その才気煥発ぶりは「智恵伊豆」と称されます。軍事面では寛永十五年の島原の乱において、幕府軍の総指揮官として鎮圧にあたります。家光の死去後には、四代将軍家綱の補佐に当たり、寛文二年（一六六二）に在職のまま亡くなります。

信綱の跡は、元和元年に生まれた輝綱が継ぎます。寛永十二年に従五位下甲斐守となり、島原の乱では父信綱と共に参陣します。承応元年（一六五二）頃からは、父の代理を多くつとめます。家督を継いだ寛文二年四月には四三歳で、九年後の同十一年十二月に亡くなります。偉大な父親の陰に隠れた人生と評することができます。

輝綱の跡を継いだ信輝は、万治元年（一六六〇）に生まれ、家督時の寛文十二年には一三歳で、同年に従五位下伊豆守となります。元禄七年（一六九四）正月に城

上野高崎——群馬県高崎市。

地を川越から下総古河七万石に移されます。同十一年三月に伊豆熱海に湯治に出掛け、以後、参勤交代の度ごとに健康上の理由で、日程が変更されています。宝永六年（一七〇九）六月、病身を理由に五〇歳で隠居し、信祝に跡を譲ります。隠居後の信輝は宗見と号し、享保十年（一七二五）六月十八日に六六歳で亡くなります。

信輝は、幕府の政治向きに直接的な関わりはありません。しかし、実弟で同族の養子となり、上野高崎藩主となった松平輝貞により、五代将軍綱吉に拝謁する機会が重なりました。それは、輝貞が元禄六年から綱吉の側用人となり、同じ側用人の柳沢吉保の副として活動したからです。綱吉が吉保邸や輝貞邸を訪問した際には、信輝も伺候しました。一例をあげれば、前者は元禄五年十月二十七日、後者は同八年五月十日のことになります。

さらに、家政においては、隠居後も深い関係がありました。吉田に所替になる際には信祝が古河在国中であったことから、江戸屋敷に住む宗見が老中奉書を最初に見て、使者に信祝宛の伝言を託します。吉田入封時の宗門改証文には、宗見家来という表現があり、隠居でありながら、一定数の家中が配属されています。死去後に信祝が松平輝貞に宛てた口上では、幕府向と家中仕置について、常に宗見から意見を求めていた、とあります。

さて、信輝の隠居により跡を継いだ信祝は、天和三年（一六八三）に生まれ、元禄六年九月には、将軍綱吉に拝謁し、同十年十二月に一五歳で従五位下甲斐守に叙

三河吉田七万石――拝領高。実高は表1にあるように九万一千石余になる。

任します。宝永六年六月に跡を継いで古河城主となり、伊豆守と称した時は二七歳でした。

## ◉――松平信祝、藩政の方針を示す

三河吉田七万石の新領主として松平信祝は、正徳二年十一月二日に家中条目と町在・寺社への申渡書を公布します。これは、藩政の方針を広く告知するためです。このうち家中条目は、次の通りです。

①法度を遵守し、不謹慎な行為は禁止。
②公事訴訟は公平に取扱い、家中・町在からの賄賂の請取は禁止。
③古河から吉田への所替による出費を考え、以後は節約を心掛け、無駄を省いて勤役する。
④城下町の通行者を見物することは禁止。
⑤用務以外の遠方への外出と寺社・町在からの振舞をうけることは禁止。
⑥住居を保全し、破損があれば修理する。
⑦防火に心掛け、火消道具を用意する。
⑧狩猟は禁止。特に深酒と博奕は厳禁。

表1　三河吉田藩の所領配置（享保2年8月）

| 国 | 郡名 | 村数 | 石高 |
|---|---|---|---|
| 三河国 | 渥美郡 | 28 | 28,746.004 |
| | 八名郡 | 39 | 15,185.013 |
| | 宝飯郡 | 45 | 23,092.464 |
| | 額田郡 | 5 | 2,542.179 |
| | 賀茂郡 | 47 | 5,735.416 |
| | 計 | 164 | 75,301.076 |
| 遠江国 | 敷知郡 | 18 | 4,805.434 |
| | 城東郡 | 1 | 1,138.201 |
| | 計 | 19 | 5,943.635 |
| 近江国 | 浅井郡 | 20 | 9,018.578 |
| | 伊香郡 | 2 | 993.642 |
| | 高嶋郡 | 1 | 339.900 |
| | 計 | 23 | 10,352.120 |
| 合計 | | 206 | 91,596.831 |

出典「領地目録」『吉田城と三河吉田藩』。

**地方役所**——渥美・八名・宝飯の三組があり、各組に札元一人・代官二人・郷同心八人を配置。農政を担当。

⑨用務での通行に際しては謹慎し、正確に経費を精算する。

町在に対する申渡書は、次の通りです（写真3）。町方は、町奉行と町組同心で構成する町役所、在方は、郡奉行のもと、地方役所が担当します。

①幕府の法度は遵守し、親類・縁者が仲良く、使用人まで愛憐を基本とし、借屋住まいの者でも生活に支障がないように接する。

②徒党を結ぶこと、争論や詐欺まがいの行為は禁止。

③誰であっても大切に接する。

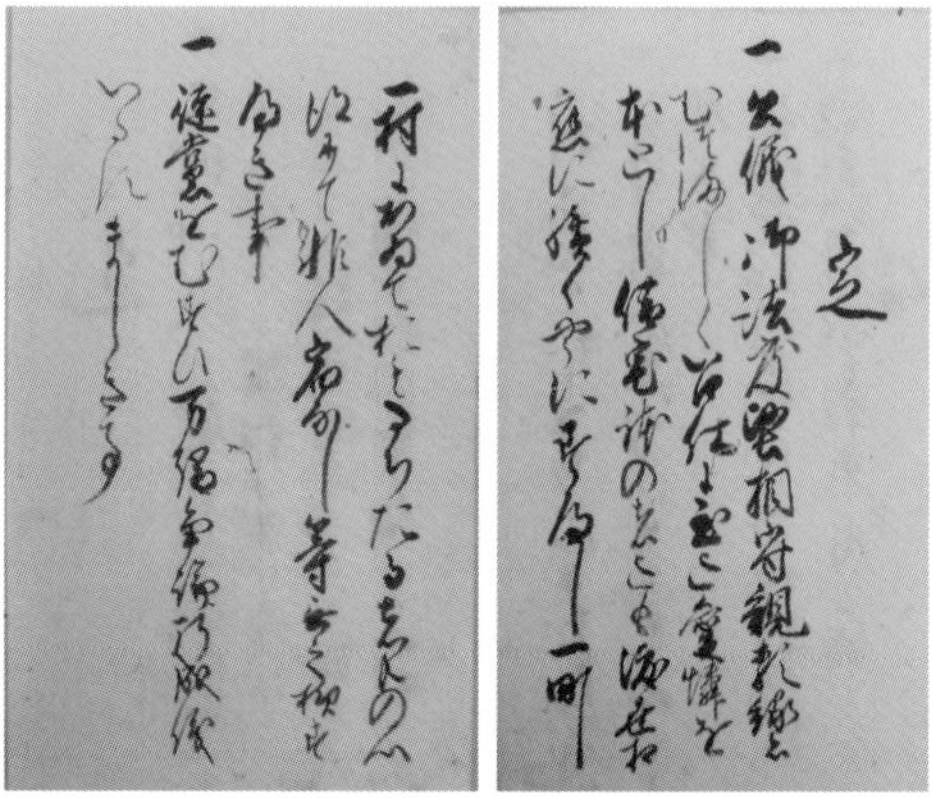

写真３　町在申渡第１・２条
（愛知大学綜合郷土研究所蔵）

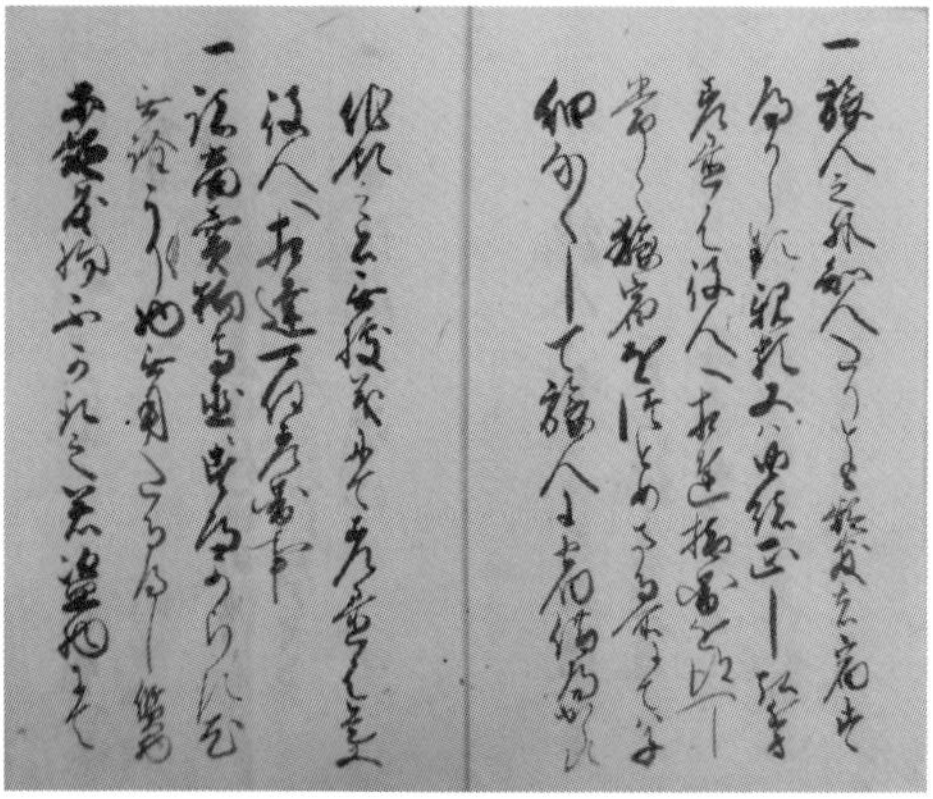

町在申渡第６・７条

④用事で遠出する場合は届け出る。他領との争論で江戸へ出る場合は地方・町方の担当者に報告する。幕府からの召喚に応じる場合も同様。

⑤通り町は幕府法度を遵守し、旅人に対して違法行為を行わない。違反者は奉行に届け出る。隠蔽し、後日に判明した場合は、

越度とする。
⑥旅人の外は知人であっても疑念がある場合は宿泊させない。親類や信用できる人物の場合は役人に届け出て指示を受ける。宿泊業者でない場合は、理由なく旅人を泊めない。他領の者で理由がある場合は指示を受ける。
⑦商品を高値にしない。不要な商品は取り扱わない。質物と疑われる物品は受け取らない。万一、盗品であった場合は、後日に判明した場合でも同罪。
⑧博奕・諸勝負は厳禁。人を集め、近隣を騒がせる行為は禁止。
⑨家中に対する振舞は禁止。家中の者が徘徊し、周囲に迷惑行為を仕掛けた場合は、奉行に訴え出る。そうした場合は、報復できないように対処する。
⑩武具を集めたり、浪人をかくまわない。防火に注意し、火消道具を揃え、水籠を用意する。
⑪嫁取り、寺社への寄進、法事は分限相応とし、衣服を驕奢・華麗にしない。

寺社に対する申渡書は次の通りです。松平伊豆守家では、寺社方を専任する寺社奉行は任命されず、町方の寺社は町役所、在方の寺社は地方役所が、寺社役所の名目で担当します。

①檀方でも家中にたいする振舞は禁止。知人でも無許可の宿泊は認めない。あわせて防火に注意し、博奕・諸勝負は厳禁。
②古来からの宝物は特別とし、新規の武具を持つことは禁止。家中や近郷から

寄進があった場合は届け出る。
③公事訴訟で江戸に赴く際は届け出る。
④公事訴訟人や犯罪者をかくまうことは禁止。
⑤勧進・奉加のうちで確かなものは各別とするが、神託・夢想といった雑説を言い出さないように注意する。

領内の実情の把握は、村々から差出帳を提出させます。特に鉄炮については、用心鉄炮・寄進鉄炮・質物鉄炮・牢人所持鉄炮・商売鉄炮の改帳を作成しています。

年貢については、過去の年貢割付状を調査します。正徳二年（一七一二）十一月、八名郡嵩山村は宝永四年（一七〇七）～正徳元年の年貢高書上を八名組役所に提出しました。渥美郡野依村は、正徳三年七月に津田新切の天和二年（一六八二）～正徳元年の三〇年間の年貢割付状と、野依五か村の小笠原氏時代の元禄五～同九年の五年間、久世氏時代の元禄十四～同十六年・宝永元・二年の五年間の合計一〇年分を渥美組役所に提出したところ、年末に返却されました。その後、享保元年（一七一六）九月には、この両期間をつなぐ元禄十年～同十三年を提出します。これらを総合すると、新領主となった松平信祝は、過去二〇年間の年貢高について調査したことになります。

**野依五か村**――野依村・仏餉村・切反ヶ谷村・東植田村・西植田村の総称。
**小笠原氏**――忠知・長矩・長祐・長重、正保二年（一六四五）～元禄十年（一六九七）の吉田藩主。
**久世氏**――重之、元禄十年～宝永二年に吉田藩主。

**陸奥三春**――福島県田村郡三春町。

**御手伝普請**――諸大名が江戸幕府の指示で行う普請。費用は大名が負担。

**郷山廻り**――郷山守とも。御林のある村々から出て管理を担当。

**山方役所**――山方奉行二人と山方同心六人を配置。藩有林である御林を管理し、薪や普請用材の供給を担当。

## ◉――信祝、はじめて吉田に入る

正徳三年は矢継ぎ早に様々な指示が続きます。正月二十二日、馬見塚村は、他領への奉公と移動を原則禁止するとともに、縁付・聟養子を許可制とする証文を作成します。二月二十日には、吉田藩家中に対する慮外禁止と、吉田大橋普請御用の役人に対しても同様とすることが命ぜられます。三月から陸奥三春藩主秋田信濃守輝季の御手伝普請で大橋の修理がはじまるからです。三月十日には、吉田藩家中の相川加林を追放することが告知され、四月二十一日には、御林の保全と郷山廻りの巡回が命ぜられるとともに、百姓持林と居屋敷の竹木を家作のために伐採することが許可されました。後者は山方役所の発令です。閏五月四日に大橋の渡り初めがありました。

江戸において、帰城の許可を幕府から得た信祝は、六月二十八日に藩主として初めて吉田に入ります。新領地の事情について家臣から説明を受けたことでしょう。藩主の動静との関係が不明ながら、同じ六月に馬見塚村の本村住人が村役人に対し、今年の春に命じられた火消書付組合について、吉田とその近在における火災時の出動に関する請書を提出します。史料の保存状態が悪く、文意が通じないところがありますが、火災の発生を知らせる書付が到着次第に消火活動に当たることを求めているようです。

**土倉玄忠**——土倉新田を開発した土倉家二代、医師。
**疱瘡**——感染症の天然痘。
**参勤交代**——享保六年の帰国が早まったのは、江戸上屋敷の類焼によるもの。
**上米の制**——領知高一万石につき米一〇〇石を上納するかわりに、在府期間を一年から半年に短縮する制度。

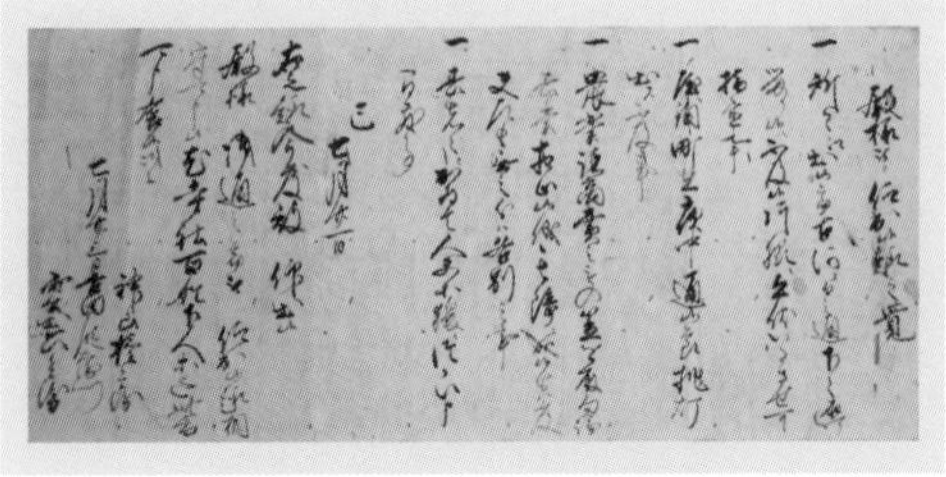
写真４　殿様被仰出候趣之覚
（愛知大学綜合郷土研究所蔵）

藩主信祝が領内を巡回することになり、七月二十三日に直接の指示が渥美組役所から通達されます（写真４）。

①藩主巡回の際は古河同様に道路の片脇に平伏する。
②屋敷・町在を夜間巡回する際でも提灯は不要。
③農業・諸商売の従事者は笠を取ることが原則。支障がある場合は必要なし。
④巡回時に不必要な人員を出役させない。

正徳三年は七月三〜五日に風害が発生します。『土倉玄忠一代記録』によると、同年は二〇年振りに疱瘡が流行した年として記録されています。その状況は、悪しき疱瘡と表現できるもので、小児の死者が多かったといい、一人の子を亡くした者や三人の子を亡くした者がいた、とあります。こうしたことから、藩主信祝は自身による巡回を実行したのでしょう。

この後、藩主信祝は毎年六月末〜七月初旬に江戸に向かい、翌年の六月下旬に吉田に帰国する参勤交代を続けます。しかし、江戸幕府が享保七年（一七二二）七月に享保改革の一環として上米の制を発令すると、状況が変化します。享保八年から藩主信祝の帰国は三月下旬に早まり、翌年は八月下旬に江戸に向かうことになります。結局、享保八年からは約一年半を吉田で過ごすことになります（表２）。

具体的な在国期間は、享保八年四月五日〜同九年八月二十五日、享保十年四

月三日〜同十一年八月二十五日、享保十二年四月十五日〜同十三年八月二十五日です。このうち、享保十年六月十六日〜同十一年十二月晦日は、用役が書き留めた「諸事留」の抜書である『座右記抄』があり、藩内の動向が判明します。

表2　三河吉田藩主松平信祝の参勤交代

| 年　次 | 江　戸　　吉　田 |
| --- | --- |
| 正徳3年（1713） | 6月22日 → 6月28日 |
| 〃　4年 | 7月12日 ← 7月6日 |
| 〃　5年 | 6月19日 → 6月27日 |
| 享保元年（1716） | 7月12日 ← 7月5日 |
| 〃　2年 | 6月19日 → 6月25日 |
| 〃　3年 | 7月7日 ← 7月1日 |
| 〃　4年 | 6月21日 → 6月27日 |
| 〃　5年 | 7月5日 ← 6月27日 |
| 〃　6年 | 3月27日 → 4月4日 |
| 〃　7年 | 7月1日 ← 6月25日 |
| 〃　8年 | 3月27日 → 4月5日 |
| 〃　9年 | 9月1日 ← 8月25日 |
| 〃　10年 | 3月26日 → 4月3日 |
| 〃　11年 | 9月2日 ← 8月25日 |
| 〃　12年 | 3月29日 → 4月15日 |
| 〃　13年 | 9月7日 ← 8月25日 |

出典「大河内家譜」『豊橋市史』第6巻。

**用役**——藩主の側に控える書記役。用人に属す。

旱害――降水不足による災害。

本宮山――三河国一宮である砥鹿神社の奥宮がある。

汐入――大風が原因とあるから高潮であろう。

城付三郡――城附三郡とも書く。渥美・八名・宝飯の三郡を指す。吉田城に付属する所領を意味する。

新居付村――吉田藩が今切関所を管理する際に、同藩領に編入された新居宿を含む周辺八か村の呼称。

飢え――端境期にあたり、顕著な食料不足に追い込まれたのであろう。

皆無――収穫がまったく見込めないこと。

## 二　畑方請免　新しい年貢の取り方

### ◉――頻発する自然災害

正徳二年（一七一二）六月は旱害が深刻で、同月二十八日には牧野家が本宮山で雨乞祈禱を行っています。引き渡し事務中の八月十八日には一転し、大風雨により吉田城内の侍屋敷や町家が被災しましたが、人命は無事でした。吉田川が満水になり、各所で堤防が決壊しましたが、吉田大橋は無事でした。さらに九月二十一日、大風による汐入が発生します。堤防の決壊が七〇間余、城付三郡一二か村で田畑高八千六〇四石余が被災します。新居付村では、浪除堤の決壊が四〇間、田高一〇三石五斗余が汐入となりました。

正徳三年は七月三～五日に風害がありました。前年の災害の影響が深刻だったようで、村々では困窮が続いたようです。翌四年三月九日、飢えに陥った馬見塚村では、割賦するための稗代金四両一分余の拝借証文に十四人が署名して村役人に提出します。

引き続き正徳四年も災害に見舞われ、七月八・九日の大風雨、八月八・九日に風害があり、吉田川の堤防が決壊します。修復工事が行われますが、秋作は十分な収穫が見込めなくなりました。田畑ともに皆無が予想できると判断した馬見塚村住人は、村役人に対して検見願いを提出します。

こうしたことから、米を含む五穀の価格が高騰します。『土倉玄忠一代記録』には、五〇年来記憶にないほどの悪年であり、来年は大飢饉になるだろうとの風聞が記録されています。

正徳五年は実際に飢饉になり、二月から三月上旬には、村方から人々が各所を巡り歩くようになり、吉田の町中では施行が始まります。それでも村々では餓死者が多数におよびます。土倉玄忠は衣屋長右衛門との間で、吉田近辺十里四方は餓死者が多い。南浜辺は少数で済んでいるが、吉田では町裏の者が難儀している、との会話を交わしています。

享保元年（一七一六）七月二十六日は大風が吹き、疫病が流行して死者が多く出ました。馬見塚村には十月二十五日付の年貢割付状が十一月二十八日に交付されますが、十二月朔日に渥美組役所から年貢米の納入予定を報告するように指示されます。さらに十二月七日には、年貢の皆済について督促され、庄屋・組頭が格別の働きを要請されます。同月九日には、渥美組役所の巡回に備え、吉田方五か村が野田村に参集するように郷同心から指示されます。これは、年貢割付状が十二月十日を皆済期限としているからでしょう。同月十七日には郷同心が羽田村庄屋宅に出張り、年貢米の納入を吟味することが通知されます。小物成の納入は十二月二十五・二十六日とすることが発令され、津留が実施されます。

**検見**――年貢を決定する作柄の判定。
**疫病**――インフルエンザの流行。
**皆済**――納入の完了。
**津留**――収穫開始から年貢皆済までの期間、米を移動禁止とすること。

除米――「よけまい」か。引米の前段階のようであるが詳細不明。

藩主信祝は直筆の書付を享保二年正月に江戸から吉田に送ります（写真5）。その内容は、昨年秋の大風により収穫が低調で、困窮する村方があることは承知している。救難金を用意する予定であるが、家中も除米を実施しているので、早急の手当は難しい。それでも対応策を諸役人に命じるので、このことを困窮する百姓たちに伝えるように、というものです。これに対する馬見塚村の請書は翌二月に作成されます。そのなかで、子どもに至るまでよろこぶことだ、と強調しています。

津留が二月二日に解除されます。年貢皆済の遅れがあり、かなりの凶作だったようです。村方ばかりでなく、町家でも飢人が多く、一人に稗一斗、人馬役をつとめる者には金二〇〇両が給付されます。

請免を導入すれば、検見による作柄判定は省略できます。こうした原則のもとで地方役所と村々の双方がどのように行動したのでしょう。

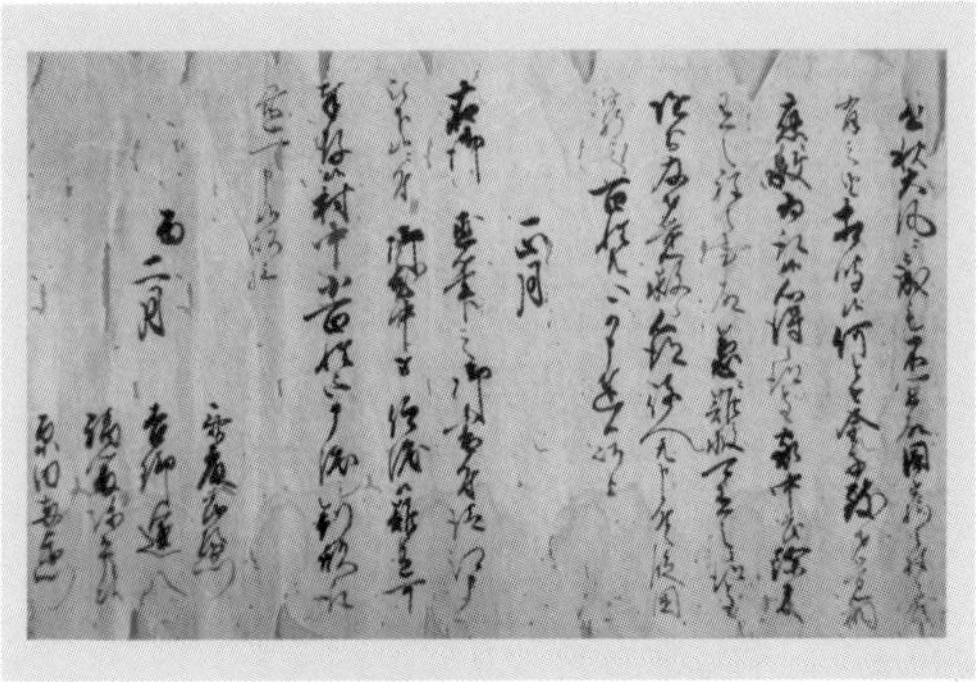

写真５　松平信祝直書写
（愛知大学綜合郷土研究所蔵）

## ◉――畑方請免の実施過程

正徳四年から八名組に属する城付一四か村の畑方請免、享保元年から同じく城付三か村と西三河八か村の惣作地請免がはじまったことが、享保二年八月の年貢高書上からわかります。八名組の一部の村々に限り、正徳四年と享保元年というように、段階を踏んでいるのは、試験的導入

請免――松平伊豆守家独自の用語。一定期間、同じ割合で年貢を納入する定免と同じ。

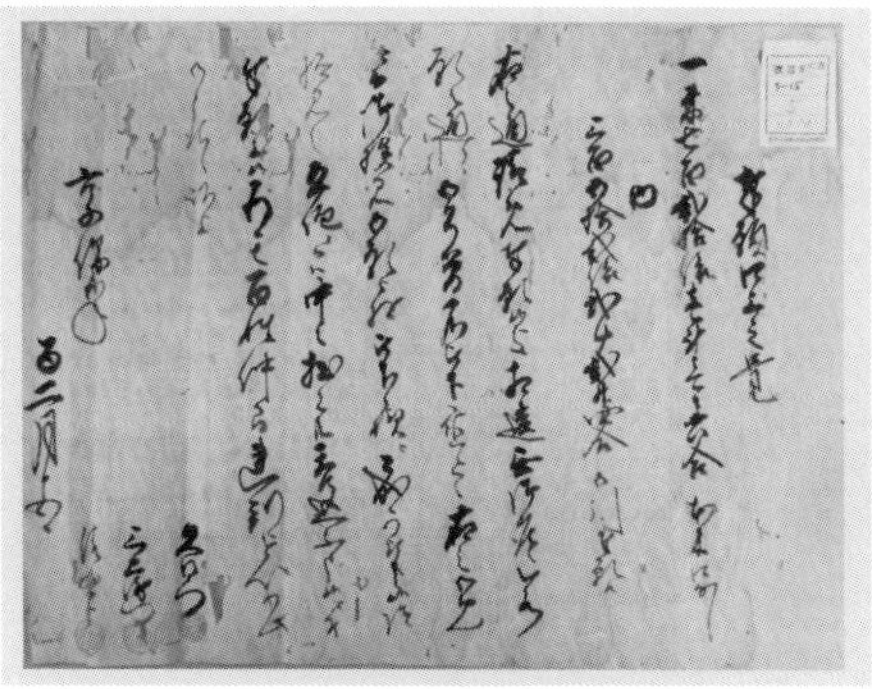
写真６　奉願口上之覚
（愛知大学綜合郷土研究所蔵）

ということでしょう。畑方請免で七九二俵余、惣作地請免で一七五俵余と七五俵余の計二五〇俵余が減少しています。

享保二年二月、八名組嵩山村は、米一〇五八俵余を定納と規定し、そこから四三五俵余を引き、残った六二三俵余を五～七年間の請免としたい。日損・風損になろうとも検見は出願しない、という願書を作成します。これは田方と畑方を併せた請免願書でしょう。

渥美組馬見塚村でも二月十五日、小百姓と寺院が村役人に対し、口上書を提出します（写真６）。それは、米七二一俵余から三五二俵余を引いた残高三六九俵余で請免を出願したい。願いの通りに御了簡いただけないようなら、ここで示した免になるような検見をお願いする。検見の平均で年貢を決めるようなことは我々には納得できない、というものです。

八名組と渥美組のいずれも一例ですが、同様の例は、宝飯組でもあったことでしょう。しかし、地方役所はこうした行動を容認しません。

地方役所は七月四日、畑方の高免を是正するために宝永四年～享保元年の一〇年平均による請免実施、自然災害が激しい場合を除き検見は行わない、の二点を村々に通知します。嵩山村が八名組役所に提出した請免の請書は次の通りです。

①数年来願ってきた畑方請免が実現した。惣百姓がありがたく、請

かね――配分率。

免の通りに滞ることなく年貢を定納します。

②請免となったうえは、風損・水損の場合でも報告しない。大規模災害の場合は御了簡のうえでの指示にしたがいます。

③請免が元免に戻されても異議を唱えません。

具体的な請免条件については全く触れていません。ただし、請免とする際の免について内示があったようで、地方役所は村役人に調整を命じます。馬見塚村では七月付で連判証文が村役人に提出されます（写真7）。その内容は、本畑・新畑ともに請免とする際に示された免で畑方請免に同意し、村内で割賦する際の「かね」はこれまで通りとして、本新畑ともに下免で割賦とする。平均免で検見を出願する場合でも、村方ではこれまでと同じ内割免で引高を計上する、というものです。要は、畑方請免で下免となるが、これまで村方で行ってきた年貢算出方法に基本的な変更はない、ということです。

一方、嵩山村では畑方請免の導入決定をうけ、本田における正徳二年～享保元年の五年間と正徳二・四・五年の三年間の年貢高について平均を求めたり、新田では同じ三年間のそれを算出して、田方請免の願書を作成します。これには、本田は四割二分、新田は一割九分の免とし、実現すれば検見なしで定納する、とあります。嵩山村は田方の請免に固執したようです。

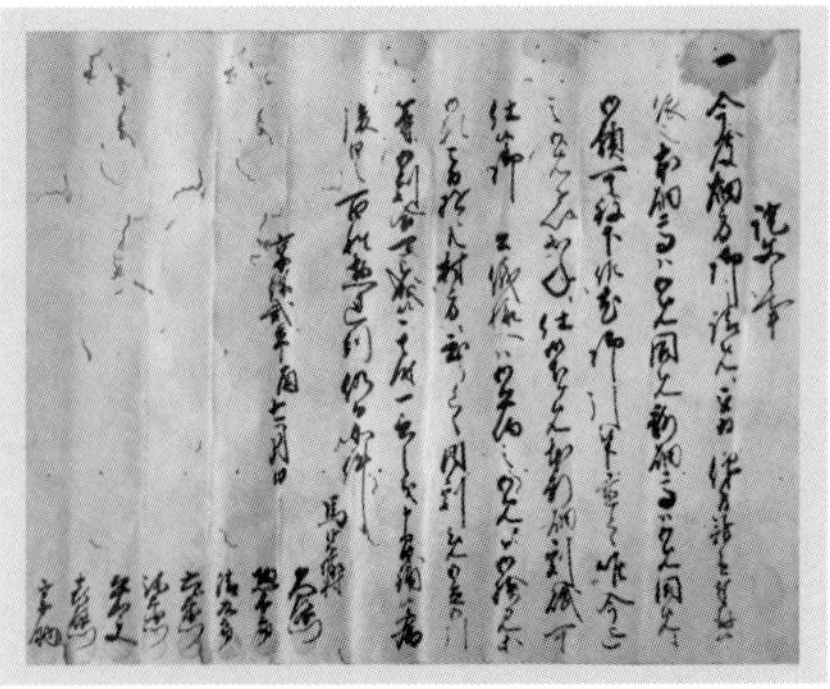

写真７　請免につき連判証文
（愛知大学綜合郷土研究所蔵）

表3　元免と請免の比較（野依村・嵩山村・馬見塚村）

| | 本畑 | | 新畑 | |
|---|---|---|---|---|
| | 元免 | 請免 | 元免 | 請免 |
| 野依村 | 4ツ6分5厘 | 3ツ7分 | 3ツ<br>2ツ5分<br>2ツ<br>1ツ5分 | 2ツ4分<br>2ツ1分<br>1ツ6分<br>1ツ1分 |
| 嵩山村 | 6ツ3分 | 5ツ1分 | 2ツ5分<br>2ツ<br>1ツ5分<br>1ツ2分<br>1ツ | 1ツ8分 |
| 馬見塚村 | 6ツ4分2厘<br>5ツ6分<br>4ツ8分 | 4ツ2分 | 3ツ5分<br>3ツ<br>2ツ5分 | 2ツ1分 |

出典　「野依村雑品録」『豊橋市史』史料篇7、「三河国八名郡嵩山村書上扣」『豊橋市史』史料篇6、『三州渥美郡馬見塚村渡辺家文書』貢租1。

享保二年九月十五日、地方役所は畑方請免を正式に決定し、請免証文を村々から提出させます。そこには、本畑・新畑についてこれまでの元免と請免を記載したうえで、畑方は土地不相応の高免だったので、毎年三度の検見をお願いして引高を立ててきたが、請免が実現したのでありがたい、とあり、請書の②③が繰り返されています。野依村と嵩山村、さらに馬見塚村の元免と請免を示しました（表3）。

## ◉――請免導入後の状況

畑方請免導入後、はじめての年貢割付状である享保二年分（写真8―2）と、前年の享保元年分（写真8―1）とを比較すると、馬見塚村では次のような変化があります。

①本畑の元免六割四分二厘・五割六分・四割八分が請免四割二分に一本化。

②新田畑という項目が新田と新畑に分離されたうえで、元免三割五分・三割・二割五分が請免二割一分に一本化。

③畑方当検見引が消滅。

④畑方了簡引という語句が新たに登場。

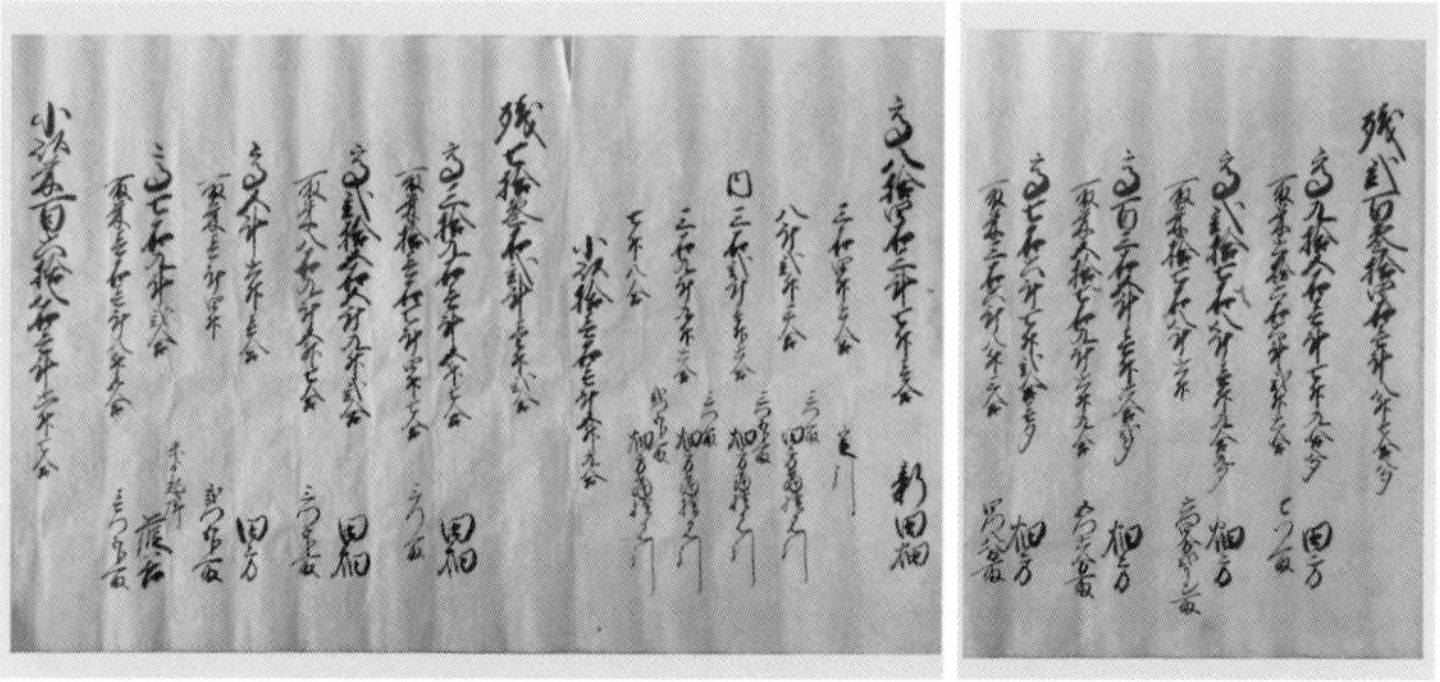

写真8–1　享保元年年貢割付状〔部分〕（愛知大学綜合郷土研究所蔵）

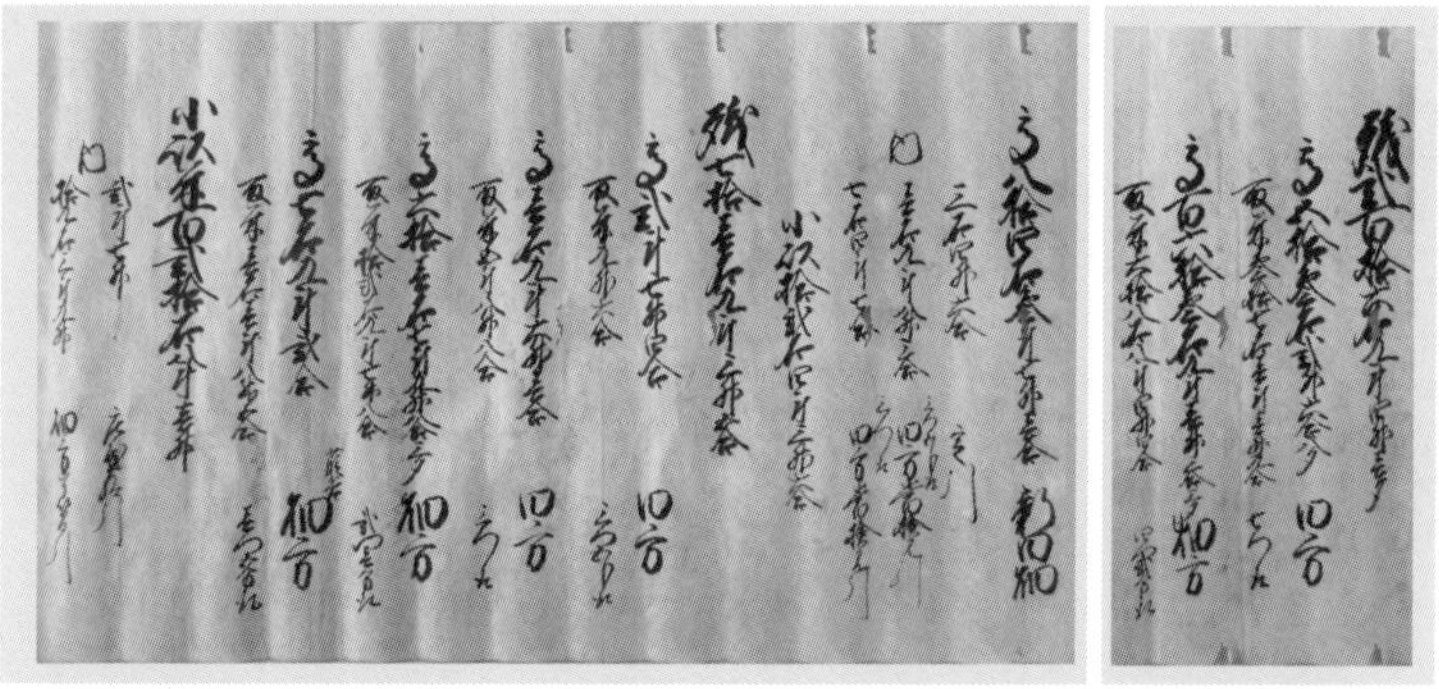

写真8–2　享保2年年貢割付状〔部分〕（愛知大学綜合郷土研究所蔵）

**破免**——請免を破棄すること。

④が請免の請書に連動する内容で、大規模災害時には地方役所の了簡、すなわち裁量で畑方年貢を減額する仕組みです。したがって、畑方了簡引高が大きい場合は深刻な被災があったことになります。

享保二〜十三年における馬見塚村の田方検見引高と畑方了簡引高を示しました（表4）。前者が大きい場合は、後者も大きいという傾向は明確です。この間、畑方請免が実現したのは、享保五・八・十・十二年だけです。

畑方了簡引は、事前に目録を村側に作成させたうえで、地方役所が田方検見と並行して畑方見分を実施し、その結果に基づき畑方了簡引米下札を交付します（写真9）。これは、畑方請免を制度的には維持しながら、実態としては破免して畑方年貢を減額する方法です。

**大堤**——吉田方五か村が用水源とする向山大池の堤。一〇〇間は約一八〇メートル。

表４　田方検見引高・畑方了簡引米高（享保２～１３年）

| | 田方検見引高 | 畑方了簡引高 |
|---|---|---|
| 享保２年 | 147石　3升２合 | 19石3斗9升 |
| 3年 | 117石　8升７合 | 14石4斗4升2合 |
| 4年 | 77石5斗5升4合 | 5斗1升4合 |
| 5年 | 83石7斗5升9合 | |
| 6年 | 132石9斗4升1合 | 36石6斗6升9合 |
| 7年 | 132石2斗5升8合 | 23石2斗1升6合 |
| 8年 | 92石9斗6升1合 | |
| 9年 | 184石2斗4升5合 | 13石3斗5升1合 |
| 10年 | 72石1斗　9合 | |
| 11年 | 100石3斗8升7合 | 5石1斗1升2合 |
| 12年 | 131石3斗4升4合 | |
| 13年 | 128石1斗6升 | 63俵［22石5升］ |

出典は『三州渥美郡馬見塚村渡辺家文書』貢租１。

請免開始の享保二年から畑方了簡引高が計上されます。これは、前年の大風被害の影響でしょう。享保三年は、七月二十六日に発生した地震により、向山の大堤一〇〇間に亀裂が入りましたが、田畑に対しては影響しませんでした。しかし、九月の大風は高汐を引き起こし、馬見塚村では、半分以上の住宅の屋根が剥がれ、灰屋二三が損壊し、このうち一〇軒が流されました。耕作地は高二〇〇石余が汐入り、このうち半分は堤防の決壊により水没しています。したがって畑方汐入了簡引が計上されています。享保四年は、前年の影響が残り、同様の畑方汐入了簡引が減額された数字で示されています。享保五年は導入後はじめて畑方請免が実現しました。

享保六年は、三六石余と畑方了簡引高が最大です。閏七月十二日、馬見塚村庄屋は渥美組役所に対し、田方が七～八割、畑方のうち木綿畑四町五～六反の八～九割、粟・稗畑三～四割、大豆畑七～八割が風害にあった、と報告しました。閏七月十九日の注進書では、渥美組役所の雛形にしたがい閏七月四～十日、同十四～十七日の風害をとりまとめています。その内容は、田方のうち早稲五反の三割、中稲六町の

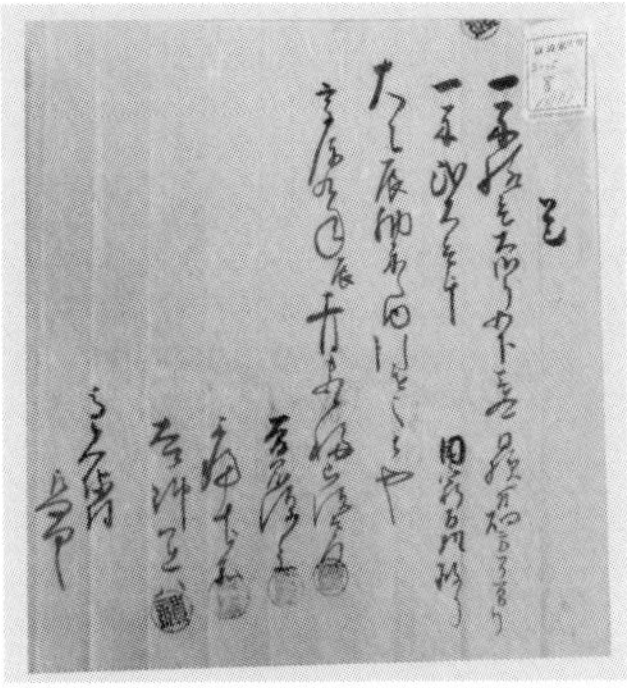

写真９　畑方了簡引米下札
（愛知大学綜合郷土研究所蔵）

**早稲・中稲・晩田**――史料通りの表現。統一すれば、早稲・中稲・晩稲、あるいは早田・中田・晩田となる。収穫時期をずらすための植え付け調整。

**違作**――作況が予想外となること。

**入寺**――寺入ともいう。

**妙円寺**――妙立寺の末寺。

**遠江吉美村**――静岡県湖西市。

八割、晩田三町の七割が違作、水入田六町一反の九割が皆無となり、畑方のうち木綿畑八反の八割が違作、木綿水入畑三町五反と大豆水入畑一〇町が皆無、大豆畑五町三反の八割が風損です。このほか、堤防の破損が二〇間、潰家はなく、人馬は無事、というものです。

注進書を提出したその日の夜にも風雨があり、閏七月二十日に田畑一六町三反が冠水、二六軒が屋根を飛ばされたり半壊したりした、と報告しました。さらに同月二十八日、冠水による被災で、水腐りとなった大豆・木綿は収穫の見込みがなく、このまま放置すると麦作の仕付に悪影響がでるので引き取りたい、とする願書を渥美組役所に提出すると、直ちに面積の調査報告が命ぜられました。

渥美組役所は八月五日、願いを許可するので見分に備えて帳面を作成して持参するように馬見塚村庄屋に命じました。翌六日には水腐りの木綿畑・大豆畑の見分を天候次第で実施するので、目印の立札を設置するように指示します。

## ◉――羽田村・野田村庄屋の入寺

畑方見分を巡る馬見塚村と渥美組役所との交渉は一区切りです。八月七日、馬見塚村地内町裏の妙円寺において、遠江吉美村妙立寺が行った説法が無事終了したことを渥美組役所に報告します。同月十日に大坂大番頭の通行に備えて往還掃除人足

一入——ひとしお。

を出役させるよう宝飯組役所から命ぜられ、翌十一日には博奕常習者を置かないように渥美組役所から印形帳の提出を求められます。八月十六日、火の元大切の指示を渥美組役所からうけ、翌十七日には藩主信祝の鷹野御用につき、道筋修繕と火葬禁止が命ぜられます。

羽田村庄屋は八月十九日、早田検見の下改めを翌二十日から実施する予定であることを知らせ、そのための相談を要請する廻状を野田村・三相村・吉川村・馬見塚村に出します。この頃、馬見塚村は渥美組役所に次のような願書を提出します。それは、本畑六町六反歩が秋の二度にわたる大風雨により損耗し難儀です。請免となっているので何かをお願いするのはどうかと考えます。百姓前としては秋作を第一として年貢を賄っているので、一入迷惑しています。御慈悲の御了簡をたまわりたい、というものです。

九月朔日、三相村庄屋は吉川村と馬見塚村の庄屋に次のように通知しました（写真10）。手紙で知らせます。羽田村と野田村の庄屋衆が入寺したので、検見が延びてしまうことを渥美組の郷同心に報告すべきだと思います。お考えがあるようならばお知らせください。これに対し、馬見塚村庄屋は、明早朝に郷同心と面談するように、とする手紙を出しますが、三相村庄屋は、同日中に面会することを伝えてきます。

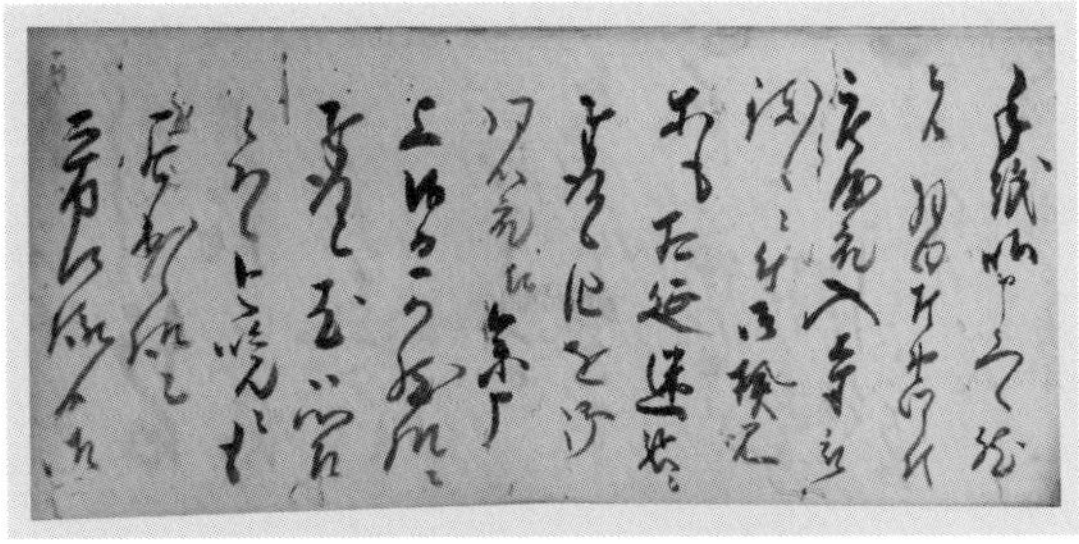
写真10　寺入を知らせる書状写
（愛知大学綜合郷土研究所蔵）

羽田村と野田村では、作柄の判定について、渥美組役所との間に隔たりが

**大廻り**——郡奉行と目付が行う作柄判定のための廻村。

**検見廻り**——札元・代官・徒目付が行う作柄判定のための廻村。

あり、庄屋自身、あるいは村全体が納得できなかったのでしょう。そこで庄屋が入寺したのですが、ほどなく妥協が成立したようです。

渥美組役所は吉田方五か村に対し、九月五日に出願済みの水入畑の見分実施を伝えます。九月七日には、同月十五日頃に田方検見を実施することを村々へ打診します。その一方で、早稲方内見帳の提出を九月八日に命じ、同月十二日には大廻りを準備するように通知します。併せて木綿・大豆・小豆の畑方を内見して目録を作成し、十九日迄に提出するように指示します。その目的は、田方検見の際に渥美組役所が畑方の見分を実施するためです。

渥美組役所は九月十七日に大廻り、同月二十日には検見廻りの日程を通知します。馬見塚村は前者が同月二十日、後者が十月朔日の予定でしたが、検見廻りについては九月二十八日に実施されます。

十一月八日、渥美組役所は田方検見引畝帳と畑方了簡引米下札の交付を通知します。馬見塚村は同月二十五日、田方検見引高一三二石九斗余と畑方了簡引米高三六石六斗余が反映した年貢割付状を請け取りました。

## ◉——畑方請免の困難さ

享保七年三月十五日、氷混じりの降雨がありました。翌十六日、渥美組役所は麦作への被害を心配し、調査を命じます。馬見塚村は、支障はないとしながら、実入りがわるくなった場合には報告する、と返答します。

五月二十日の風雨、二十一日の強風は、馬見塚村の諸作を痛めました。村役人は、潤雨ではあるが、風痛は難義だと渥美組役所に注進します。さらに八月十四日には、強風が襲い、汐入り被害が発生、村内の通路が分断され怪我人の有無は不明ながら、田畑の状況が深刻で、もはや手のうちようがない、と渥美組役所に報告します。馬見塚村では少なくとも九軒が損壊しました。八月十六日の被災注進書では、人馬の怪我はないとしながら、田方一四町七反余、畑方二一町五反余、堤防の損壊五二間、潰屋三軒、吹破屋二二軒をあげています。

渥美組役所は八月二十一日、畑方の汐入り場の検分を要請する村々は出願するように発令します。これを受け、羽田村が吉田方五か村の統一行動を呼びかけます。直後の八月二十三日にも馬見塚村は大風雨に襲われ、横須賀村から押し込んだ泥水が溜まり、蒔きつけたばかりの夏大根が全滅しました。

再度、渥美組役所は畑方の汐入・水入被害の報告を八月二十七日に求めます。吉田方五か村に牟呂村が加わり、次のような願書が作成されます。すなわち、村々の畑作は二度の大風雨による高汐で作物が皆無になりました。請免ではありますが、当年は大変であるので、見分のうえでの御了簡をお願いしたい。現在の作物を取り除ければ、麦作の仕付には好都合です、というものです。

**大旱**——深刻な旱害。大日照り。

九月九・十日と立て続けに渥美組役所は廻状を出し、九月十三～十七日の大廻りが済み次第、田畑の汐入見分に出掛けるので、調査用の帳面の提出を急ぐように指示します。翌十一日、羽田村清源寺における吉田方五か村の寄合に参加できなかった三相村はほかの村々に対し、大廻りの行程について次のように依頼します。それは、大廻り一行の巡回は、三相村で乗船して吉田川対岸の馬見塚村川崎に向かう。その際、東側にある「青ミ」を見つけられると都合が悪いので、巡回のコースを工夫していただきたい、というものです。ここでいう「青ミ」は、汐入被害が軽微で作物が残っていることの表現でしょう。つまり、被害が深刻な場所だけを見せたいということです。

大廻り終了後、渥美組役所の検見廻りが九月晦日から十月八日の日程ではじまります。十月二日に渥美組役所は、享保二年の畑方請免で決定した定納米からの減少額の報告を求めます。馬見塚村は、享保七年は本畑一〇石六斗余、新畑七石余の減米と書き上げたうえで、これでも引米は不足している、と回答します。

結局、畑方了簡引米高は、前年と比べれば減少しますが、それでも二三石余となり、下札は十一月十四日に交付されます。

享保八年は田方検見引はあるものの畑方は請免が実現しました。しかし翌九年は、四月下旬から六月まで大旱となり、ようやく七月二日に降雨がありましたが、凶年となり、小豆は皆無となりました。対策として地方役所から貸麦がありました。翌

**霖雨**——長雨。時期から長梅雨のこと。
**浅井郡南速水村**——滋賀県長浜市。

年の返済にあたり、町方の利麦五〇俵、在方の同七九俵は下付されました。

享保十年は、五月に霖雨、六月・七月に旱害、七月十六日にようやく降雨がありましたが、秋作は皆無となりました。それでも畑方請免が実現します。

こうしたなか、地方役所の編成替が享保十年四月頃から立案され、五月朔日から実施されます。これまでの渥美組と八名組を合体し、渥美・八名組とします。これにともない、札元一名・代官二名だった人員を、当面の間は代官一名を加役として増員します。これは、宝飯組も同様です。つまり、地方支配が三組支配から、二組支配になったのです（写真11）。五月八日には西三河代官が新設されます。

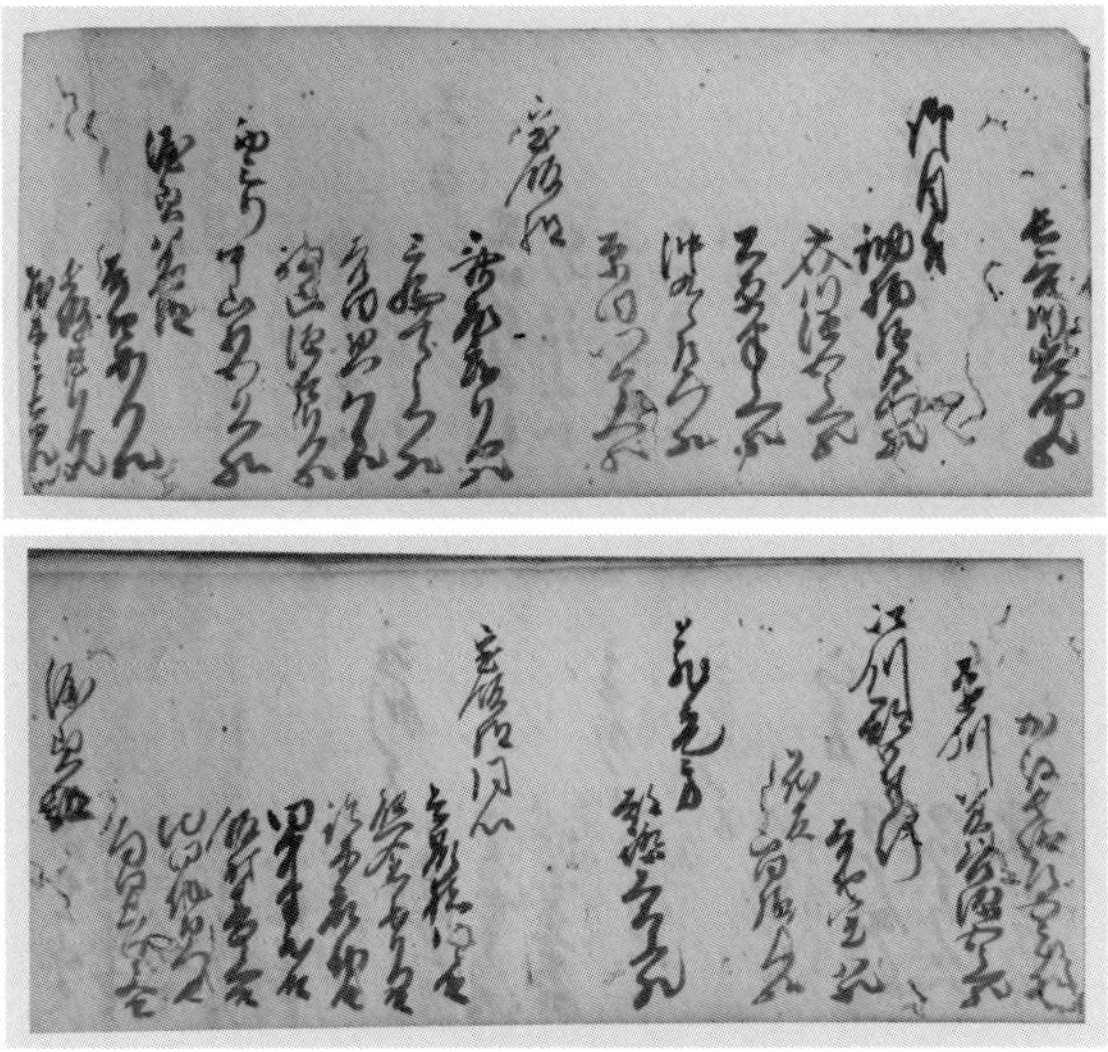
写真 11　万書込日記帳〔部分〕
（愛知大学綜合郷土研究所蔵）

さらに、遠州代官、江州郡奉行・同代官が新設されます。七月二日になり、江州郡奉行に金三両、江州代官・遠州代官・西三河代官に金二両宛、江州郡奉行付属の郷同心衆に金一〇〇疋宛が支給されます。

江州支配については、役所を近江国浅井郡南速水村に家作する予定でしたが、現地からの上申に基づき、同国大津で借宅することが享保十一年三月十八日に決定されます。四月二十三日になり、金七両が郡奉行、

損免――破免と同じ。

同三両が代官に支給されます。

享保十一年は前年同様に五月が霖雨、六月が旱害となりました。七月四日、羽田村は花ヶ崎村・牟呂村と他の吉田方五か村に手紙を出します。そこには、旱害のために畑作は皆無となった。請免ではあるが、損免の願書を出す予定にしている。皆様も相談のうえで同様にされるべきでしょう、とありました。その後の動向は不明ですが、八月七日になり、畑方見分が刈り取り後であった事実が露顕します。これにより郡奉行が閉門、代官衆が目通り遠慮、前芝村・牟呂村庄屋が追放、そのほか関係した庄屋が手錠・閉門となります。このうち、郡奉行は九月十二日に御免となりました。馬見塚村は畑方了簡引米高五石余ですから、損免となっています。

請免が実現した享保十二年は、田方が旱害に襲われます。調査され、貸麦が行われますが、被害は限定的だったのでしょう。翌十三年に、地方役所は三組に戻り、遠州代官・西三河代官は廃止されたようです。

池田照政――一般的には、輝政。吉田在城期は、照政と名乗る。

松平民部――松平忠清。慶長十五～同十七年四月の吉田藩主。

中間地――足軽・中間の屋敷地。手作菜園を含む。

松平主殿頭――正しくは、主殿助、忠利・忠房の二代。慶長十七年十一月～寛永九年八月の吉田藩主。

水野隼人正――忠清。寛永九年八月～同十九年七月の吉田藩主。

水野監物――忠善。寛永十九年七月～正保二年七月の吉田藩主。

# 三　町裏　吉田の都市問題

## ◉――町裏とは

吉田方の地域内に吉田町と吉田方五か村が逐次成立した結果、吉田方五か村の地籍となる土地が町裏通りに取り残され、その場所の住人や寺院が本村に所属させられた場所、それが町裏です。そのきっかけは、永正二年（一五〇五）の牧野古白による、のちに吉田城となる今橋築城と、天正十九年（一五九一）の池田照政による城地の拡張と城下町造りです。

城下町であり、宿場でもある吉田二十四町が形を整え終わるのは、小笠原家時代の元禄年間ですが、それまでの経緯はほとんど不明です。しかし、同家時代の史料から、船町・田町が幕府の地子免許地となったのは松平民部時代で、吉田方の高三千石のなかから町地が分離したのが、元和元年（一六一五）だったことがわかります。また、吉田方五か村にある中間地は、松平主殿頭・水野隼人正時代には扶持人が所持して切米の差引に利用してきたが、水野監物時代に吉田町で引き受けるようになった、とあります（写真12）。こうした事情から、吉田町と吉田方五か村との地籍の入り組みがすすむことになりました。

町裏には、中瀬古・畑中・清水・西宿・中柴・御堂裏・神明前・西町・談合宮・

新銭町・妙円寺前があります（写真13）。それぞれの町裏には、吉田町の町地と吉田方五か村の所属地が入り組んでいます。例えば、中瀬古には羽田地・曲尺手地・神明領・龍拈寺借屋の四か所、御堂裏には羽田地・野田地・馬見塚地・魚町地・指笠町地・垉六町町地の六か所がありました。

宝永二年（一七〇五）三月の宗門人別帳から寺院の例をあげると、浄土宗観音寺の所在地は吉田町裏馬見塚村地内となっています。高田宗願成寺・禅宗西光寺・同喜見寺・日蓮宗妙円寺の所在地も同様です（写真14）。同帳には、馬見塚村の本村

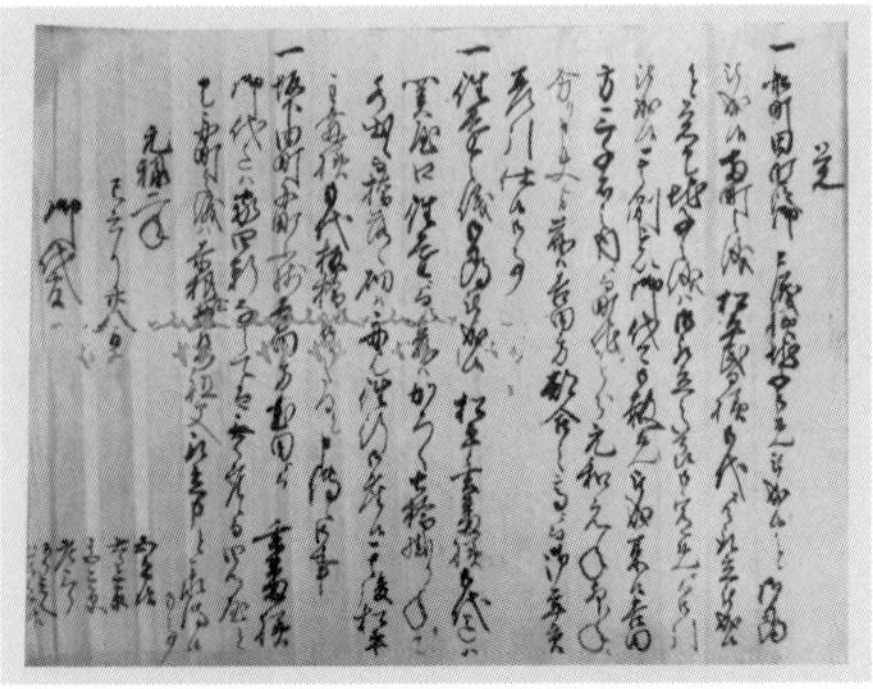

写真 12　吉田町地につき返答書
（愛知大学綜合郷土研究所蔵）

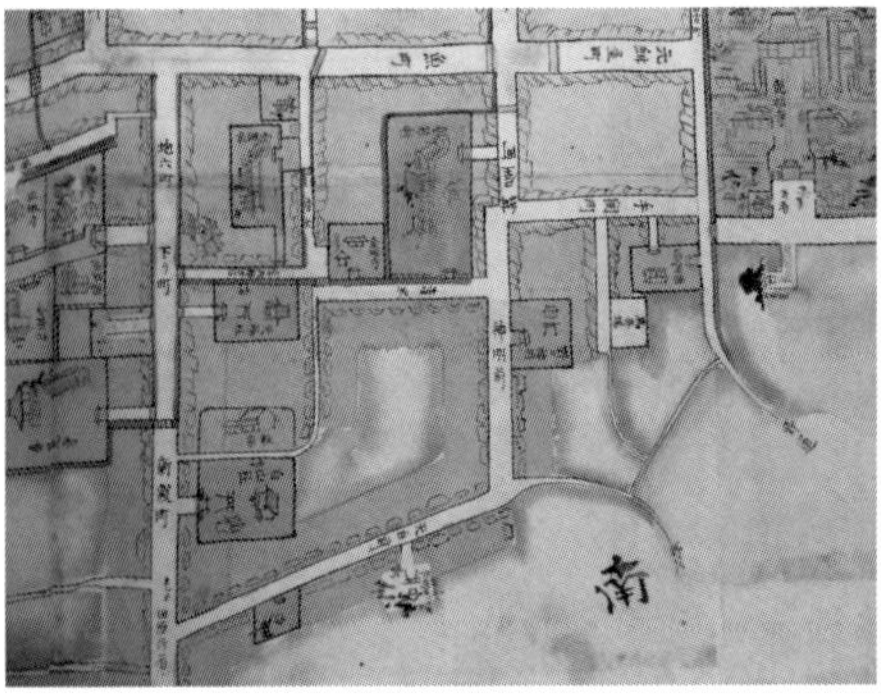

写真 13　吉田宿絵図〔部分〕
（豊橋市美術博物館蔵）

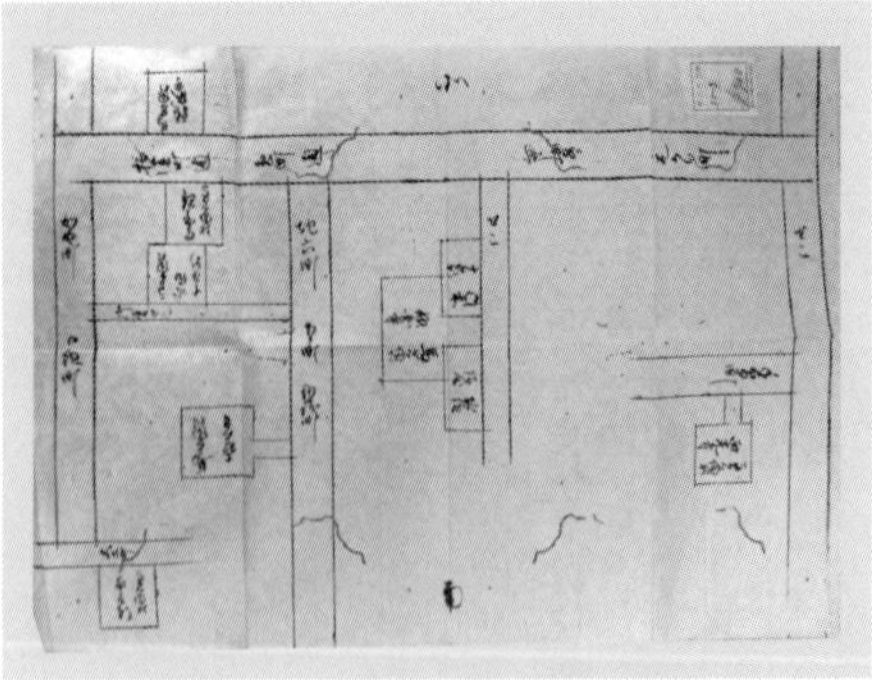

写真 14　馬見塚村地内町裏絵図
（愛知大学綜合郷土研究所蔵）

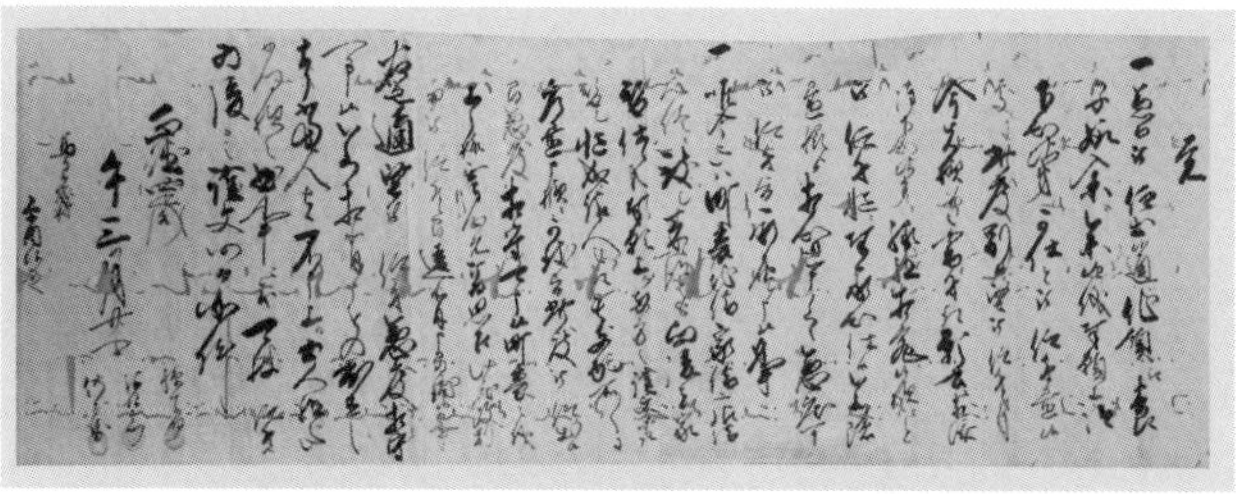

写真15　覚（愛知大学綜合郷土研究所蔵）

と町裏とをあわせた四七二人が書き上げてありますが、このうち約二〇パーセントは、町裏居住者です。

極端な入り組み、すなわち錯綜という特徴を有する町裏は、吉田宿を構成する吉田二十四町と異なる、現代風にいえば都市問題を抱える地域です。牧野家時代の正徳二年（一七一二）四月に武家奉公人を村々で募集した際、吉田方五か村に対しては町裏での念入りな調査を指示します。七月十二日に盆中の灯籠や持仏堂の火の元注意、子ども用の花火禁止を指示した際には、裏屋・店借に注意することが村役人に求められています。松平伊豆守家が町裏に関心をはらう素地はすでに存在していました。

## ◉——町裏への関心

正徳四年三月二十五日、町裏の住人は本村の馬見塚村庄屋に対し、二か条の請書を提出しました（写真15）。第一条は、他領への養子・嫁入手続きをこれまで通り遵守する。第二条は、町裏の居住形態についての規定で、これまで無制限であった町裏における地借・家借・店借について、貸主と借主の双方が契約書を交換するとともに、その際には保証人をたてること、書類を支配所で保管すべきことが命じられました。発令動機は、藩主信祝の町裏支配に対する気掛かりだ、とあります。

**刻付廻状**——吉田藩が発出する廻状には村名が宛所として記載してある。廻状の請取時刻を村名の下に書き加え、村継する廻状。急送する際に、特別に指定。

『土倉玄忠一代記録』によれば、享保元年（一七一六）は正月末より疫病が流行り、吉田でも裏町辺りに患者が多く、町裏や村々をあわせ、二～三里四方で約千人の死者が出ても不思議ではない。数年来の悪年で五穀は高値で、町裏・村々で餓死者が多かった、とあります。続く記事のなかでは、日雇取の人々が暮らす場所として、清水町・手間町・畑中・紺屋町・新銭町などをあげて裏町辺りと表現しています。このうち、清水・畑中は、町裏です。

享保三年二月、吉田方五か村と新銭町・瓦町・花ヶ崎村は、町裏に居住する地借・店借の者たちが家中奉公人の保証人になったり、借用金をこしらえたりしていますが、こうした場合は、本村の庄屋までお知らせください。但し、相対での借用金は相対で取り立てていただきますようにお願いします、と渥美組役所に申告しています。

三月二十四日、渥美組役所は大工・木挽・籠屋・茅屋根葺・板屋根葺の有無について、緊急の問い合わせを刻付廻状で発しました。さらに同月二十六日には、張付師についても報告を求めました。馬見塚村役人は、該当者がいない旨を一旦は返答しようとしましたが、同村の町裏に大工二人と茅屋根葺一人が地借でいることを報告しました。これらの職人は、既に御作事小屋で御用をつとめていたことがあり、それが報告につながったようです。この職人捜しは、予定されている八代将軍吉宗の生母浄円院の吉田通行に関係します。

さらに九月二十九日に郡奉行が大工・木挽・畳屋・張付師・左官・板屋根葺・茅屋根葺・杣取の有無について問い合わせた際には、三月の町裏地借の大工二名に加え、居住形態は不明ですが、茅屋根葺に左官を兼業する職人一名を書き上げました。こうした報告からすると、町裏には職人層が滞留していたようです。

享保四年正月七日、渥美組役所は吉田方五か村に対し、本村所属地ごとに家数を併記した町裏の絵図を作成するように命じました。そこでは、世古と呼ばれる狭い路地に面した場所についても正確な情報を要求しています。絵図を要求したのは、実際の位置情報により、入り組みの実態を把握しようとしたからでしょう。

吉田方五か村には、本村の組頭とは別に町裏組頭がいました。享保四年三月二十四日、渥美組役所は吉田方五か村に対し、紺屋町地内におけるそれぞれの町裏の有無について問い合わせました。その際、神明前の羽田地にいる町裏組頭に対し、本村庄屋から出頭を伝達すること、清水の馬見塚地の住人のなかに武家奉公の希望者がいる場合は手続きすることを付け加えています。

このように、渥美組役所が本村庄屋に対し、町裏組頭を同道して出頭するように指示することは多く、その場合は、町裏に対し伝達事項があったことになります。馬見塚村では、触書に対する請書を本村と町裏とに別けて作成する場合があります。例えば、正徳三年三月九日付で渥美組役所が出した廻状に対しては、本村分と町裏分がセットになって残っています。

胡乱なる者——挙動不審者。

## ◉——防火対策

享保六年正月十三日、渥美組役所は町裏を持つ吉田方五か村と新銭町・花ヶ崎村・瓦町に対し、防火対策としての巡回と博奕禁止を命じるとともに、町裏の借家については、保証人を調査したうえで賃貸することとし、あわせて縁者以外へのそれを禁止しました。

防火対策は、三月三日の江戸上屋敷の類焼をうけ、喫緊の課題として意識されました。閏七月九日に強風が続くなかでの防火を命じた際には、渥美組役所は吉田方五か村と新銭町については、町裏における特段の防火を念押ししました。

馬見塚村の庄屋・組頭と町裏組頭は八月十八日、防火の対策として夜番の増番を実行するとともに、胡乱なる者は見つけ次第に身柄を確保する、と渥美組役所に報告しました。翌八月十九日、野田村庄屋から次のような内部情報が入りました。それは、吉田藩から昨夜は同心、今夜からは馬廻が町裏の防火のために出役する、というのです。野田村庄屋はこれを内密に伝える、としています。同心は地方役所に属する郷同心、交代で巡視する馬廻は、火の廻り馬廻と呼ばれる専任の防火担当者です。

胡乱なる者という課題に関していえば、八月二十三日には、吉田方五か村と新銭町・瓦町に対し、町裏を対象とした牢人帳記載者を除き、過去に武家奉公の経験があった場合でも帯刀を禁止することを命じました。牢人帳は発見されていないので、どこまでの情報が記載されていたのかは不明ですが、こういったタイプの人物たちの居住地が町裏であったこと、武家奉公人の供給地が町裏であったことがわかります。武士ではない身分の者が帯刀していることを、やはり胡乱とみなしたのでしょう。

享保九年二月十日にも渥美組役所は防火を指示しました。ここでも吉田方五か村に対しては、町裏における対策の重要性を指摘しました。さらに六月二十七日には、降雨不足による乾燥状態のもとでの防火対策に万全を期すことを命ずるとともに、これの寺社方への徹底、火の番所の設置を促し、さらに、胡乱なる者が徘徊している場合の身柄確保とその通報、本村・町裏において人柄が悪いとされる人物の通報と隠避の禁止を命じました。最後の博奕禁止とともに後半の内容には、治安対策の要素が多分にあります。

冬の季節風が吹き続ける時節になると、吉田藩では防火のために夜間巡回を実施します。それでも火の番所が未設置となっている村々があり、享保九年十月二十四日、花ヶ崎村と吉田方五か村に対し、番所設置のうえでの徹底した防火を命じました。

追放・立退・逐電《ちくでん》・欠落《かけおち》――いずれも居住地から移動すること。追放は刑事処分。立退は自主避難。逐電・欠落は消息不明となること。前者は武士、後者は庶民に使用。

## ◉――町裏支配の強化

享保十年五月二十一日、渥美組役所は、管轄下村々の入替を理由に、これまでの申渡をまとめて再令しました。その前提には、町裏の入り組み、または町裏そのものがある飽海村・吉田方五か村・花ヶ崎村・瓦町・新銭町の住人が、家業や耕作に専念していないという認識がありました。そこで、博奕のための人集め、徒党類似行為の禁止、防火努力をことさらに要求しています。具体的な内容は次の通りです。

①地借・家借・店借については、出生地を記載した証明書を提出させ、家業を申告させて人柄を確かめる。少しでも違犯行為があった場合は、地主・大屋の責任とする。
②不審者、遵法精神のない人物については、町裏役人から本村役人に通報して実状を調査したうえで地方役所に報告する。隠避した場合は村役人と五人組、本人の責任とする。
③地方役所からも内密に担当者を派遣しているので、厳重に警戒する。
④寺社方は従来通りを基本とするが、さらなる注意喚起を通知する。
⑤近日中に別紙で示す家業を記載した人別帳を作成すること。その際には寺社を含める。
⑥追放・立退・逐電・欠落に該当する人物の帰還は認めない。隠避が発覚した

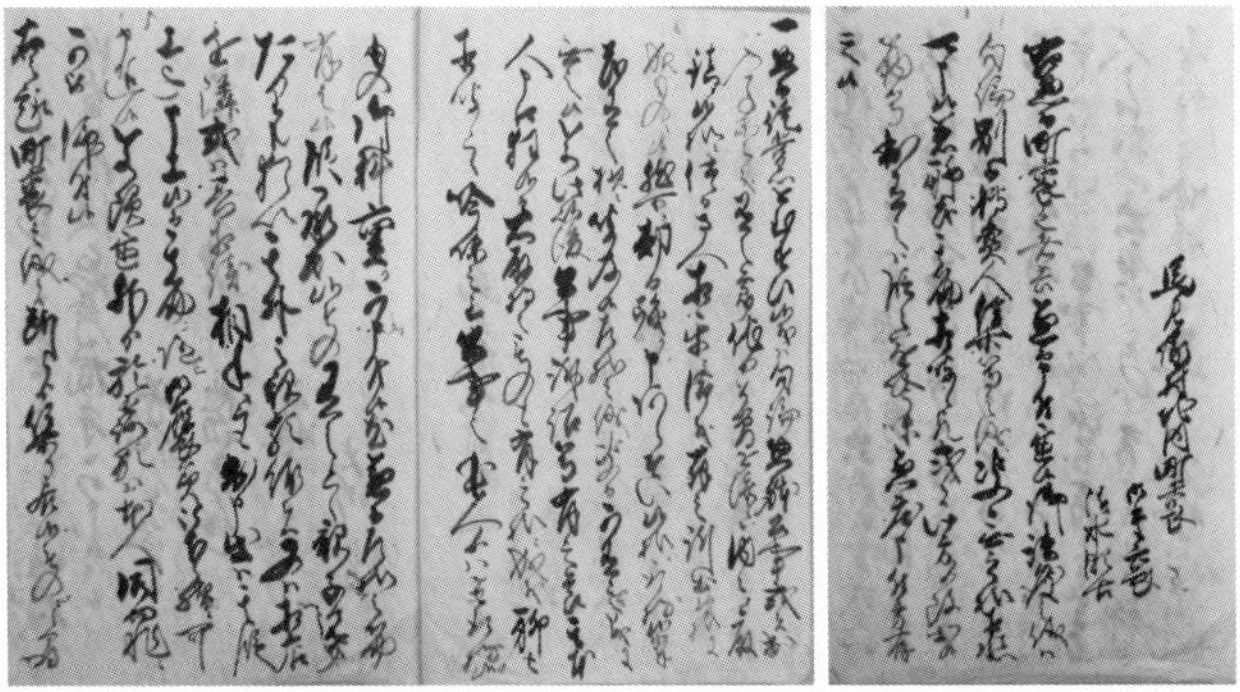
写真16　御法度被仰渡印形帳〔部分〕（愛知大学綜合郷土研究所蔵）

場合は、厳重に処罰する。

この申渡の反応は早速表面化しました。六月朔日、渥美組役所は申渡の対象に仁連木村・小池村を加えたうえで、町方からの退去者に対しては、借宅や一夜の宿泊禁止を命じ、家並ごとに調査するように要請しました。

馬見塚村では、享保十一年五月十三日に町裏である御堂裏と清水世古などの住人三三名と四か寺、本村のそれ五七名と二か寺が請印した、『御法度被　仰渡印形帳』を作成しました（写真16）。その内容は町裏を対象としたもので、住人が所々より集まった者たちで、了簡が別々であることをあげています。前掲の申渡で言えば、①にある地借・家借・店借に該当します。そこでは、徒党を含む公事出入などの際、外部からの思惑で鎮静化ではなく、紛争を大きくしようとする人物がいるようだ。そうした場合は、当事者より重く罰する、というものです。ここで示したのは、馬見塚村の町裏に対するものです。当然、それぞれの町裏でも同様の申渡があったことでしょう。

新法抜書——藩校時習館教授の山本恕軒が嘉永元年（一八四八）九月十二日に写し終えた史料。内容は、享保十～十三年の新法四六か条。ただし、原典を写したのか、自身で抜書を作成したのかは不明。

町在久離帳——旧離とも書く。非行・犯罪行為が親族に影響する縁座を防ぐために親族関係を断絶すること。久離帳はそれを記した帳面。

## 四　新法、新法、新法

### ◉——新法、はじまる

『新法抜書』に載る法令には、表題が付され、全四六か条のうちの二六か条が新規立法であることを明白に示す「～初る事」、あるいは「～始事」となっています。「～定之事」「～支配替之事」「～減少之事」は、従来の制度を変更したという点では、同様です。

倹約についても、これまでの華美を戒め、新たな生活態度を要求するという視点からすると、新規立法とみなすことに支障はないでしょう。こうしたことから『新法抜書』は文字通り新規立法、すなわち新法を集成したものです（表5）。

その内容は次のように整理できます。「二之丸へ御目付泊番初る事」〔1〕のような職務内容を変更する新法には、「本組御足軽飛脚ニ出候初之事」〔20〕、「喧嘩之節御奏者番出合之事」〔36〕、「上リ畑屋敷掛リ世話初之事」〔37〕があります。

また、「御役人判鑑之初之事」〔2〕、「変死之届之始事」〔3〕、「病気引込状ニ誓言除、附一日断之初之事」〔4〕のような書類の記載事項を変更する新法には、「忌中引込状ニ日数書添候初之事」〔12〕、「町在久離帳初之事」〔14〕、「欠落者届ニ印形為仕候初之事」〔15〕、「誤証文相止候初之事」〔16〕、「連名之事」〔28〕、「引込候者近所騒

表5『新法抜書』の概要

| No. | 日　付 | 内　容 |
| --- | --- | --- |
| 1 | 享保10年4月6日 | 二之丸へ御目付泊番初る事 |
| 2 | 5月13日 | 御役人判鑑之初之事 |
| 3 | 7月6日 | 変死之届之始事 |
| 4 | 9月6日 | 病気引込状ニ誓言除、附一日断之初之事 |
| 5 | 享保11年2月 | 小馬印之初之事 |
| 6 | 6月6日 | 誓詞之節麻上下着用初之事 |
| 7 | 7月9日 | 大奉行始之事 |
| 8 | 7月10日 | 勘定目録御判頂戴麻上下着用初之事 |
| 9 | 7月20日 | 烈居之順定リ之事 |
| 10 | 7月22日 | 御城番組頭初之事 |
| 11 | 8月19日 | 御足軽改鉄炮御褒美十動より被下候初之事 |
| 12 | 8月24日 | 忌中引込状ニ日数書添候初之事 |
| 13 | 10月25日 | 継目之御礼熨斗目着用初之事 |
| 14 | 12月11日 | 町在久離帳初之事 |
| 15 | 12月25日 | 欠落者届ニ印形為仕候初之事 |
| 16 | 12月 | 誤証文相止候初之事 |
| 17 | 享保12年6月23日 | 吟味役之者悴御中小性ニ不被召出初之事 |
| 18 | 7月朔日 | 坊主足軽唱様之事 |
| 19 | 7月2日 | 勘定人唱初之事 |
| 20 | 7月2日 | 本組御足軽飛脚ニ出候初之事 |
| 21 | 7月2日 | 御年寄衆御用番座初之事 |
| 22 | 7月3日 | 御年寄衆二之丸退去之節表方詰合対面之事 |
| 23 | 7月3日 | 御取立者有之節之式初事 |
| 24 | 7月3日 | 御医師月次等御礼席之事 |
| 25 | 7月11日 | 御勘定奉行始之事 |
| 26 | 7月25日 | 御足軽鉄炮動并時斗定初之事 |
| 27 | 8月27日 | 初納米神献初之事 |
| 28 | 8月28日 | 連名之事 |
| 29 | 9月11日 | 武具方足軽支配替之事 |
| 30 | 9月20日 | 外様之者御近習を名代ニ不成初之事 |
| 34 | 9月21日 | 弓分帳中リ外れ御定之事 |
| 35 | 10月15日 | 雪駄之事 |
| 36 | 11月10日 | 喧嘩之節御奏者番出合之事 |
| 37 | 11月11日 | 上リ畑屋敷掛リ世話初之事 |
| 38 | 11月11日 | 引込候者近所騒動立合届之事 |
| 39 | 11月20日 | 御倹約触之事 |
| 40 | (同日カ) | 百石取御役人へ御中間御貸被成候事 |
| 41 | (同日カ) | 火之廻御馬廻若党相止候始之事 |
| 42 | 11月24日 | 御直参之子又者へ縁談養子停止之事 |
| 43 | 享保13年2月12日 | 御在城中町在書付奉行添書不及事 |
| 44 | 2月25日 | 惣組御足軽減少之事 |
| 45 | 2月 | 御通出役馬為率候事 |
| 46 | 8月2日 | 御役中俵切米之事 |

出典「新法抜書　全」『豊橋市史』史料篇3。

動立合届之事」〔38〕、「御在城中町在書付奉行添書不及事」〔43〕があります。

行列の際の馬印の本数を定めた「小馬印之初之事」〔5〕、誓詞提出の際の装束を定めた「誓詞之節麻上下着用初之事」〔6〕は、役職にともなう格式に関する新法です。これらに「烈居之順定リ之事」〔9〕のような席次の新法を併せ、身分標識関連法と総称すると、この他に「勘定目録御判頂戴麻上下着用初之事」〔8〕、「継目之御礼熨斗目着用初之事」〔13〕、「坊主足軽唱様之事」〔18〕、「御医師月次等御礼席之事」〔24〕、「雪駄之事」〔35〕、「御通出役馬為率候事」〔45〕があります。

家中の身分に関係する新法には、新規召出・養子について定めた「吟味役之者忰御中小性ニ不被召出初之事」〔17〕、「御取立者有之節之式初事」〔23〕、「外様之者御近習を名代ニ不成初之事」〔30〕、「御直参之子又者へ縁談養子停止之事」〔42〕があります。

役職の新設や呼称変更には、「大奉行始之事」〔7〕、「御城番組頭初之事」〔10〕、「勘定人唱初之事」〔19〕、「御勘定奉行始之事」〔25〕があります。このうち城番組頭は、『従古代役人以上寄帳』には城番頭とあり、城番を統率する役職です。分限帳に用部屋と記入していた御用部屋物書は、勘定人と呼称変更されます。享保十二年七月十一日に勘定奉行が新設されると、支配が目付から勘定奉行に移されます。経理担当の要職である勘定奉行は、大納戸などの関係役人と寄合のうえで勤役することが求められます。享保十二年からは年貢割付状に署名しています。

**又者**――「またもの」。主君との間に直属の主従関係がない、家臣につかえる者。

**従古代役人以上寄帳**――松平伊豆守家の役人以上の名簿。役職によっては脱漏がある。

**城番**――『従古代役人以上寄帳』には、享保十年に城番者頭が新設されたとある。同じ役職であろう。

**勘定奉行**――村々への廻状には、勘定頭とある。

**目付**――監察業務を担当。

**大納戸**――調度・備品の管理と出納を担当。

**小姓頭・用人**——史料では小性頭と記す場合が多い。藩主の側近の筆頭。用人はその次。

**面命**——直接対面して指示すること。

新設には、「御足軽改鉄炮御褒美十動より被下候初之事」〔11〕、「御足軽鉄炮動并時斗定初之事」〔26〕、「弓分帳中リ外れ御定之事」〔34〕のような武芸の技量に対する褒賞規定もあります。

「武具方足軽支配替之事」〔29〕のような指示系統の変更ついては、『座右記抄』にも記載があります。享保十年八月十一日に、広敷番の支配を小姓頭・用人に変更し、同月十三日には郷同心・山方同心のそれを札元から郡奉行に移します。翌十四日には、武具方足軽の支配を郡奉行から目付とします。『新法抜書』にある享保十二年九月二十一日付の武具方足軽の支配替は、目付支配から武具方に再度変更する内容ですから、最終決定だけを載せているだけだ、という判断もできます。

倹約については、「御倹約触之事」〔39〕のほかに、「百石取御役人へ御中間御貸被成候事」〔40〕、「火之廻御馬廻若党相止候始之事」〔41〕、「惣組御足軽減少之事」〔44〕があります。総則を示したうえで、武家奉公人の減員を指示しました。

『新法抜書』全四六条のうち、四か条〔13~16〕を除くと、一年半の在国中に発令されました。特に国元である吉田の藩政に注力したのでしょう。そのひとつの表現は、最重職たる家老に対する指示は、当人が江戸詰の場合、吉田に呼び寄せて行われたことです。藩主自身による面命です。

江戸詰の家老関屋衛盛は吉田で加増の申渡を受けました。享保十年八月二十七日に参着し、藩主信祝に目見します。申渡の翌日である二十八日に帰府を許可されます。江戸詰の中老北原忠兵衛は九月十八日に吉田に参着し、藩主信祝に目見します。翌十九日、家老役、加増三〇〇石二〇人扶持、吉田勝手の命を受けます。九月二十五日に帰府を許可されます。

水野小一右衛門は、享保十二年七月二十八日に中老から家老に昇進し、江戸勝手を命ぜられます。藩主信祝は四月十五日から吉田に在国です。村々に出された廻状には、水野がただいま八丁小路の屋敷に逗留であることが付記されています。申渡のために、吉田に呼び出されたのです。

野火止平林寺――埼玉県新座市にある松平伊豆守家の菩提寺。信綱時代には、さいたま市岩槻区にあった。

## ◉――前藩主の死去

藩主信祝が助言を得ていた前藩主の信輝、隠居宗見が享保十年六月十七日に死去します。江戸や吉田における葬儀、幕府への服忌の届出、月代の取扱い、領内への普請・鳴物停止等が手配され、六月二十七日に松平伊豆守家の菩提寺である野火止平林寺への納骨が済んだ知らせが吉田に届きます。これで葬儀は一区切りとなり、同日に足軽・中間に月代を剃ることが許されます。家中の小役人以下は七月朔日、小役人以上家老までは、同月三日から同様となり、鉄炮稽古・水稽古が開始されます。

日常生活への復帰を印象づける稽古再開日の七月三日、吉田への所替拝借金につき、残金の返済が免除されます。さらに八月九日、古拝借金の残金についても同様になります。これは、古河、遡れば川越在城時代の拝借金でしょう。この件は、同月十六日に江戸、同月二十六日に吉田で公表されました。十一月七日には江戸・吉田における家中の借金については、当暮の返済を停止することが発令されました。

こうした一連の措置は、隠居宗見の死去を捉えた家中に対する救済であり、引米に備えた配慮でしょう。

## ◉――引米の開始

享保十年十一月九日、俸禄の削減である引米が発令されます。その比率は、高一〇〇石につき一五俵引でした。しかし、様々な事情から一律に実施された訳ではなかったようです。

たとえば、元禄十四年（一七〇一）から御部屋附、すなわち嫡子信祝附の家老をつとめた俸禄四〇〇石の関屋衛盛は、その後三〇〇石を加増され、七〇〇石になっていました。信祝が当主となってもそのまま家老をつとめています。享保十年八月二十八日に三〇〇石を加増され合わせて千石になり、その際には、一人で長く職務にあたり、諸事まちがいがない。そのうえ役人のあしらいがうまく、悦ばしい、と信祝から褒賞されました。こうした事情からでしょうか、引米の発令時に今年の加増分三〇〇石はその対象外とされます。

次の四人は、俸禄の半分が引米の対象外とされます。このうち前後の役職異動が判明する場合は、その事情について触れます。

俸禄二五〇石の者頭松平八右衛門は、家族人数の多いなかで役義をつとめていることが、その理由です。宝永七年（一七一〇）から使番、正徳四年（一七一四）に者頭に転じ、享保十一年七月二十二日には、奏者番となり、俸禄のほかに役料五人扶持を給せられます。その際には、いままで通りの江戸居住を命ぜられます。

俸禄一三〇石の押合役正木伝右衛門は、旧借がありながら役義をつとめていることが、その理由です。正木が押合役に就いたのは、この役職が創設された正徳四年のことで、引米一部免除となる直前の同年十月四日には、来年の藩主参府までは江戸の小姓頭と相談して勤役し、用人が担当する使者状と帳面についても心得るように命ぜられます。

川野文大夫と藤井弥大夫は、家計が苦しいなかで日頃の心がけがよいことが、その理由です。このうち川野は、一部免除となる直前の同年十月八日に、田方検見にともなう仮目付を命ぜられます。

片野作左衛門と羽山与左衛門は、初めての俸禄支給であることが理由で、引米そのものが免除されます。片野は、同年八月に御鷹方として新規の召抱、羽山は、同年十一月朔日に帰参が実現したばかりの元藩士です。

同様の事例は享保十一年にもありました。同年十二月十四日、三上喜兵衛と遠山

弓之間——吉田城二の丸にある表御殿の一室。

平助が役義に骨折りしているとして、引米半額が免除されました。正徳六年から留守居をつとめていた三上は、この年に俸禄を五〇石加増されて二五〇石となり、用人をつとめています。遠山は正徳六年から留守居をつとめています。

ここで名前があげた関屋・松平・正木と三上・遠山は、江戸詰、さらに藩主信祝の側近という立場にあります。

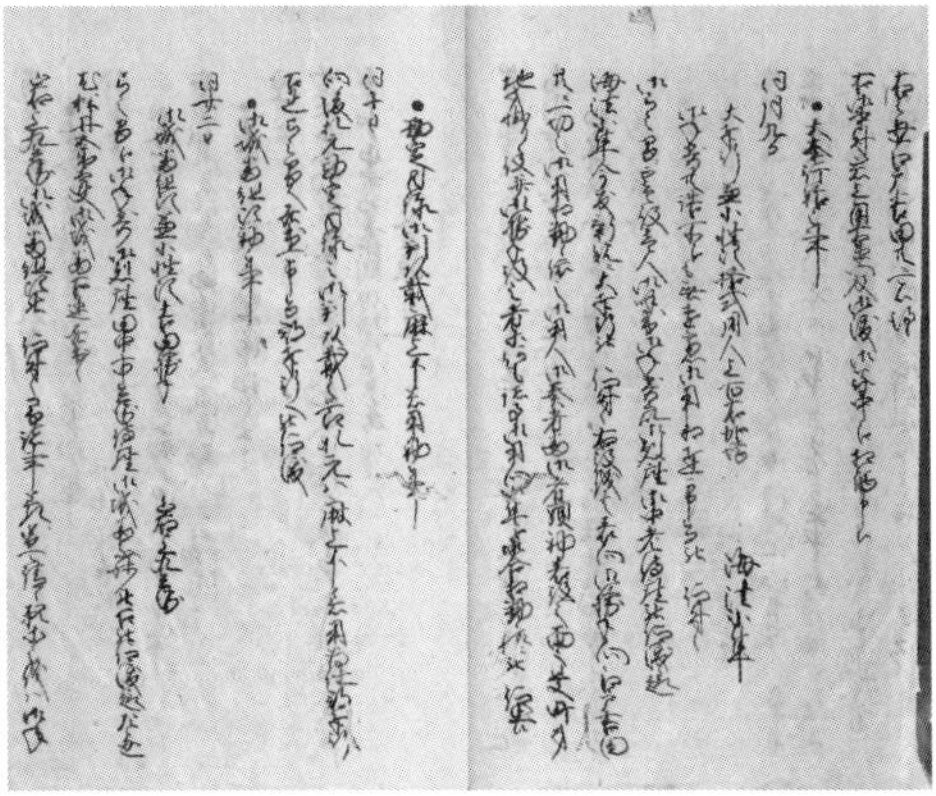
写真17　新法抜書大奉行始之事（豊橋市中央図書館蔵）

## ◉——大奉行の新設

享保十一年七月九日、大奉行が新設されます〔7〕。任命されたのは海法小隼恒広で、小姓頭を兼ね、用人上の格式を与えられ、加増一〇〇石で俸禄は二六〇石となり、年寄の詰所において遠慮なく御用を達するように、と指示されます（写真17）。

海法は、江戸詰の中老水野定正の三男で、延宝七年（一六七九）十二月に召出された海法隆広の養子になった人物です。小納戸からスタートし、正徳元年（一七一一）七月五日に新知五〇石・三人扶持を給せられて用役見習につき、享保七年から俸禄一六〇石で用人並をつとめていました。

弓之間において、一役一人ずつを呼び出し、年寄が列座、中老が侍座するなかで、次のように発表されます。それは、新設した大奉行に海法小隼を任ずる。以後は、表向・勝手向に限らず、江戸・吉田の双方で一切の御用をつとめることになる。したがって用人・奏者番・者頭をはじめとする表役の面々、また町方・地方の役人、勝手役など、いずれの役人も諸事御用向については、小隼に承合のうえでつとめるように、というものです。つまり、その職務内容は、藩政全般にわたる広範なもので、『豊橋市史』第二巻では「事実上の執政官」と表現しています。

『座右記抄』により、任命前の執務について確認すると、享保十年七月二十六日には、中老岩上角右衛門とともに諸組の弓・鉄炮改めを行い、褒美を与えています。八月十四日には、前藩主信輝に納めてきた小普請金などは、以後海法が請け取るように変更されますが、不在時には大納戸斎藤太郎左衛門が代替するとあります。翌十一年六月三日に小姓頭用人兼役の和田理兵衛が中老に昇進した際には、これまで通り和田は小姓頭と奥向御用をつとめるように命ぜられましたが、海法と談合するように指示されます。

大奉行に任命後は、享保十一年七月十九日に近習・中小姓の水稽古を検分し、同月二十一日には足軽の鉄炮改めを行います。さらに八月九日、五日の牛川原における足並参加者に対する料理下付の際には、家中二六名中の筆頭に名を連ね、同月二十五日の参勤に同行して出府します。翌十二年六月六日には、吉川村に海法以下の諸役人が出掛けるための人足用意が渥美組役所から命ぜられます。藩主信祝にし

**表**——政務。

**勝手**——財務。

**執政官**——ローマ共和政時代の軍事・行政の最高指揮者。権力が集中していることとの比喩であろう。

**牛川原**——牛川村にある原野。

**足並**——隊列行進。

たがい、吉田に戻ったのです。

大奉行として享保十一〜十三年の年貢割付状に名前が載っていますが、いずれの年も上京を理由に加印がありません。前後の数年において他の役職者をみると、加印がない理由として、病気、京都行・大津行・江戸詰・出府中をあげています。海法の場合は、漠然としています。

馬見塚村の享保十一・十二・十四年分の『万書込日記帳』では、海法は用人として名前が載っています。村々では大奉行という役職の認識が不十分だったのでしょう。享保十二年七月十一日、渥美組役所は船津伝兵衛が小姓頭・大奉行見習、地方・町方御用掛に就任したことを廻状で通知します。松平伊豆守家の浜松時代である享保十五年に海法が中老、舟津が大奉行となりますから、後継者つくりです。

その後、海法は享保十八年に家老（俸禄五〇〇石・役料二〇〇人扶持）へと昇進します。延享元年六月、父信祝の死去にともない、嫡子信復が家督御礼に江戸城に登った際には、同役の倉垣長尚・遊佐高理とともに将軍吉宗に拝謁し、翌二年に隠居しました。

**上京**——金策のための京・大坂方面への出張か。

**万書込日記帳**——渥美郡馬見塚村の庄屋が御用向を書き留めた帳面。

## ◉——倹約令

享保十二年十一月二十日、武家奉公の人数、馬の飼育、着用する衣服の材料、冠

**斎・非時**――午前中の食事と午後からの食事。

婚葬祭の水準など、武士の生活全般に対する倹約令が出されます〔39〕（写真18）。

①男女の奉公人は減員する。特に女性については、可能な限り。

②俸禄五〇〇石以下の家中は、当分馬を飼う必要はない。

③若党が一人である場合は、減員してもよい。

④衣服は、当分絹・紬・木綿に限る。但し、裃の着用時にはこれまで通り。古くなっていても構わない。

⑤熨斗目は年始か、格別の祝儀事の場合に目付以上が着用する。それ以下の着用は必要なし。七夕・八朔は帷子熨斗目に準ずる。もっとも目付以下について熨斗目を廃止した訳ではない。当分は絹・紬・木綿類であっても相応に洗い張りして着用する。但し、幕府向きの場合は、これまで通り。

⑥妻子や又者の衣類は右に準じる。

⑦江戸へ出る場合の衣類や使用人はこれまで通り。

⑧婚礼・仏事は軽くする。婚姻の寄合や仏事の斎・非時などで集まる場合は、大勢を避けるように。

⑨振舞は一汁一菜とし、香物・肴は一種に限る。吸物は様子次第とし、斎や非時の場合もこれに準ずる。

⑩傍輩の出合は当分無用とする。ただ諸芸稽古のために集まること

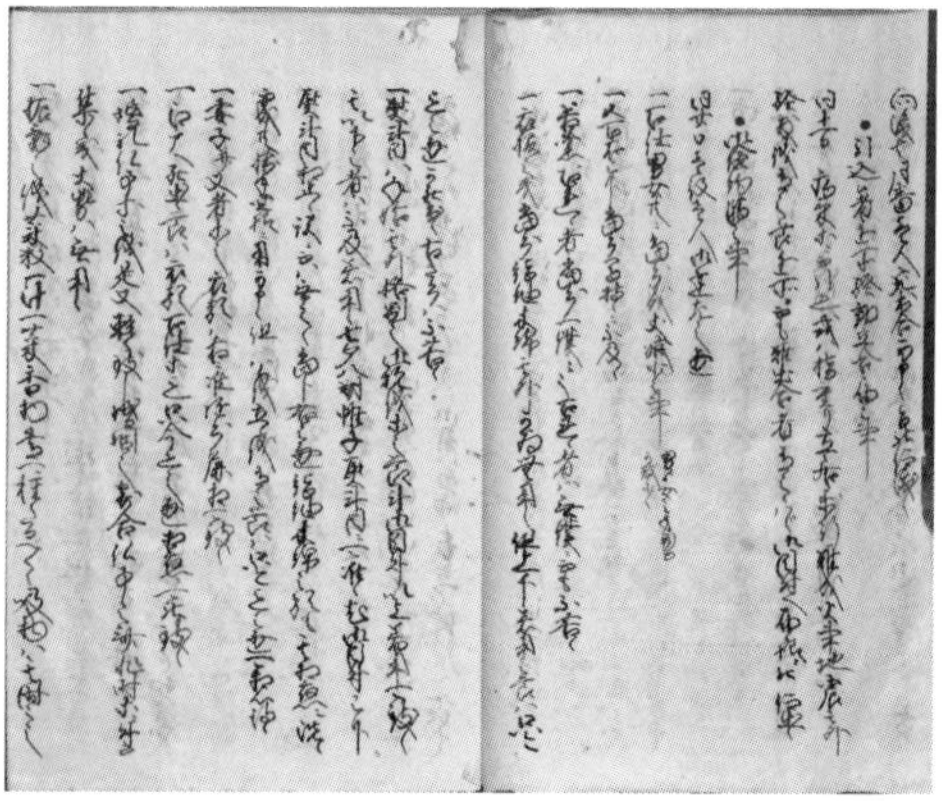

写真18　新法抜書御倹約触之事（豊橋市中央図書館蔵）

は格別とするが、準備は宿で行い、出掛けるように。稽古が長座となる場合は、弁当とする。事前に長座になることが明らかな場合は、相弟子の寄合であるから何に限らず食事して稽古するように。

⑪同役同士の寄合はこれまで通り。

⑫吉凶に関する私用の書状、祝儀の贈答、日常の音信は禁止。樹木・畑物も同様。

⑬お預け馬は当分行わないので、馬方に渡すこと。但し、留守居はこれまで通り。御用向きでの利用は、御厩へ申告する。

⑭江戸における幕府向きのつとめの際は、これまで通り。

⑮年始・五節句・月次など、祝儀事の際の衣類はこれまで通り。平生の衣類も表立つ者と近習向は、これまで通りと心得る。引米を実施している間は、当面この通りとする。引米を急に廃止することはできないだろうから、この心得で可能な限り省略して生活を維持していくべきである。

ここで強調されているのは、引米の停止がないことを前提にした生活です。しかし、引米には特例があり、一律ではありません。倹約の厳しさは不徹底でした。

## ◉──商業にも新法　諸色運上

諸色運上──売上税。

享保十年（一七二五）から諸色運上が開始されました。『座右記抄』には、七月

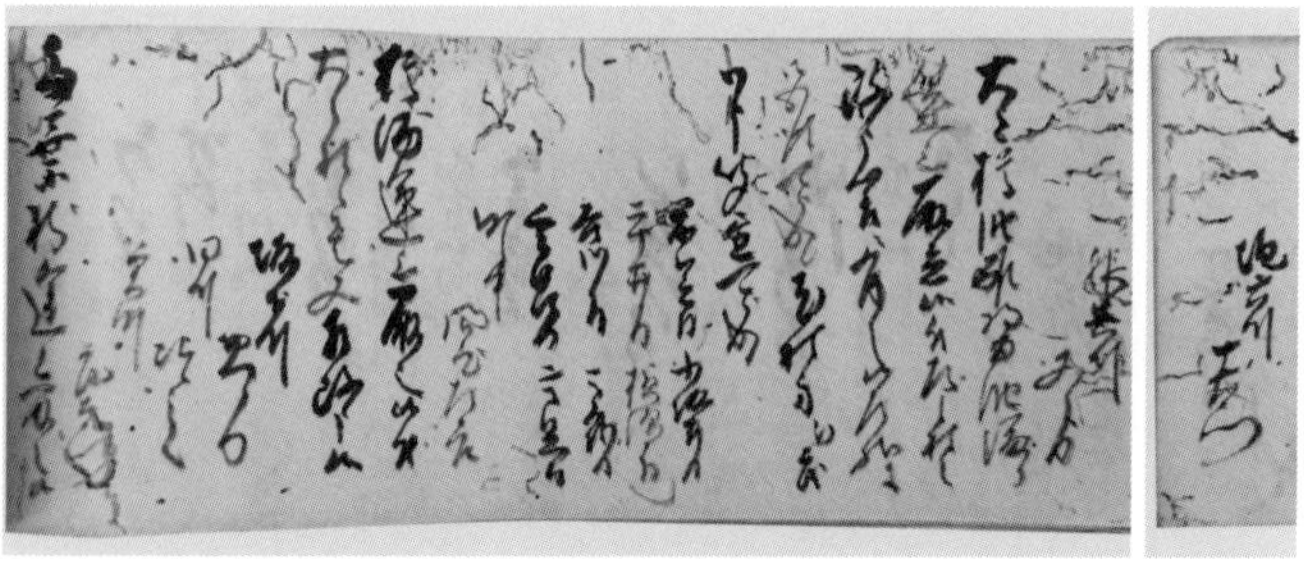
写真19　諸色運上につき廻状（愛知大学綜合郷土研究所蔵）

碇銭――湊の利用料、あるいは停泊料。

五日に酒運上・油運上・莨若運上の願書が提出されたので許可した、とあります。『三州吉田記』には、諸色運上が新しくはじまり、奉行は船津伝兵衛だ、とあります。船津は町奉行でしたから、担当役所を示しています。

馬見塚村の『万書込日記帳』から、詳細が判明します（写真19）。そこには、垉六町十右衛門と呉服町又右衛門が担当し、樽油・酢・醤油・溜まりの運上を、前芝村・小坂井村・平井村・横須賀村・吉川村・馬見塚村・牟呂村・高足村と吉田町から徴収する。吉田宿問屋の佐吉が担当し、樽酒運上を吉田町を除く、右の村々から徴収する。坂下町惣右衛門・田町次郎兵衛・魚町茂右衛門が担当し、多葉粉運上を吉田町から徴収する、ことが七月七日に発令された、とあります。

享保十四年の『万書込日記帳』によれば、干鰯運上も右の品々同様に徴収が始まりましたが、この年の七月六日に農作物の肥料として重要であるからとの理由で停止され、徴収を続けることを禁止する通知が、曲尺手町庄三郎、魚町の善九郎・十左衛門、干鰯問屋から出ています。

船町は吉田湊において上前銭を徴収する権利を認められていました。これは、吉田川を下ってくる上流からの荷物や、東海道を経由して伊勢方面に向かう荷物や旅行者に対するものでした。享保十年から船町に加え、前芝・牟呂・高足・杉山の四か村が碇銭の徴収を開始しました。これにともない、船頭役給米が停止されます。しかし享保十四年七月に破銭が廃止されると、再開されます。

碇銭は入津する諸国船に不評で、入津数の減少を招きました。これにより吉田城下の住人が不利益を被ったことが廃止の原因です。これに対し、船町が一端につき三銭ずつ徴収してきた帆銭は、これまで通りと確認されています。

右の事情は、船町役人と船宿が馬見塚村に通知したもので、そのなかには次のような内容もありました。それは、諸国からの入津米に対しては、一石につき運上銀三匁五分が買取商人から村役人に支払われて、船町に差し出すことになっている。吉田から他所への積出米にも運上がある、というものです。

塩運上については、直接の史料がないようですが、諸色運上の開始が、吉田町の塩問屋と牟呂村との間で紛争を引き起こしたようです。享保十年七月に牟呂村が渥美組役所に出した請書には次のようにあります。すなわち、牟呂村で製造した焼塩は、吉田町塩問屋へ出荷するように命ぜられた。しかし、これまで行ってきた町中への小売を停止されては難儀するので、塩問屋で当日に鑑札を借用するという方法をとることによって小売が認められた。ただ、吉田を除く近在については、これまで通りとなった。今後はこの方法を守り、塩小売について紛らわしいことは行わない、というものです。

**六つ半時**——午後七時頃。
**四つ時**——午後一〇時頃。
**遠慮**——この場合は、取り調べのための勾留。
**新居町奉行**——新居宿を管轄する吉田藩役人。
**水主頭**——今切関所に属する下級役人。

## ◉——庶民にも新法

享保十一年二月朔日の暮六つ半時、東海道新居宿で火災が発生します。出火元は裏通りの舟町で、東からの強風にあおられ、周囲六五軒が焼失しました。鎮火したのは四つ時で、約三時間燃え続けました。出火場所が往還筋ではなく、裏通りだったことから、幕府道中奉行への届出が不要であることが宿役人から吉田藩に報告されます。ただ、火元となった住人が出火直後から所在不明になり、捜索が行われます。

藩主信祝は二月二日、寺入しているとしたら問題だとし、住人を見つけ次第に連れ戻し、遠慮させるように命じます。寺入していると、事情聴取が困難になることを心配したのでしょう。

さらに二月五日、自火の場合はその場にとどまり、担当役所からの指示を受けることが義務づけられ、立ち退いて寺入した場合は、処罰対象とすることを領内に触れ出すように、藩主信祝が命じます。

この火災では、新居町奉行の預かり道具、水主頭が自宅保管していた舟道具が消失しました。四月二日、町奉行は焼失分の自費による弁償と自主判断による差控、水主頭は急度押込という処分になり、三月四日に御免となります。

享保十一年四月二十一日、町在から巡礼・物詣のために遠方へでかける場合の届出が義務化されます。事情を調査したうえで許可されますが、その条件は、関所がある場所で、廻り道ができるようならば、出発を認めない、というものです。

具体的な事件は知られていないので、吉田藩が今切関所を管理していることが背景でしょう。

御油宿――愛知県豊川市。

見付宿――静岡県磐田市。

ひね街道――「ひね」は、古くなる、古びる、の意。姫街道の語源とする説がある。

長楽追分――豊橋市石巻本町。

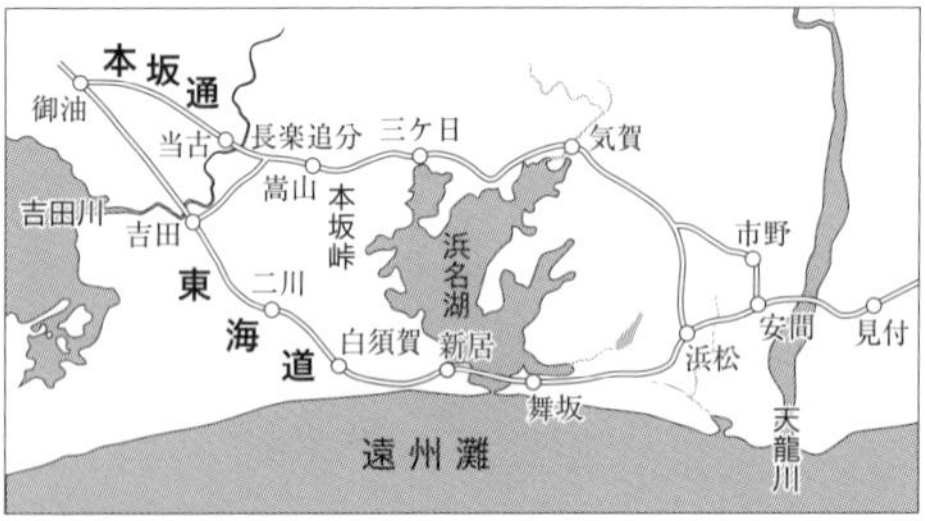


図　本坂通と東海道〔久住祐一郎『三河吉田藩』（現代書館、2019年）掲載図をもとに作成〕

## 五　将軍生母浄円院の通行

### ◉――本坂通とは

東海道を利用して京都から江戸に下る際、御油宿から東海道を分岐し、浜名湖の北側を嵩山―三ヶ日―気賀―市野と通り、見付宿に至るルートが本坂通です（図）。古くは、東海道の本道として二見の道と呼ばれました。その後、次第に太平洋側を通過する道筋の利用が盛んになると廃れ、ひね街道となりました。

明応七年（一四九八）八月の大地震により今切口ができ、浜名湖と太平洋が直接つながります。橋本駅の袂から浜名橋を利用する方法から、新居―舞坂を渡船で結ぶ変化があり、太平洋側の交通は一時的に不安定化したでしょう。その際には、本坂通が迂回路として利用されたことが予想できます。

戦国時代、駿河の戦国大名今川義元は、今切渡船を利用して浜名湖を通過する行程と、本坂越をする二つのルートで軍勢を移動させ、御油で結集させます。途中の長楽追分から分岐して、吉田城下に出る方法の重要性が高くなったのは、戦国時代以降のことでしょう。江戸時代には吉田に立ち寄ると吉田藩からの配慮を得られるという利点があります。

慶長六年（一六〇一）正月、徳川家康は東海道に宿を設置します。その事務は、

**気賀**――静岡県浜松市北区細江町。江戸時代の領主は旗本近藤家。

**過怠**――労力や金品による補償を必要とする刑罰。

代官頭の伊奈忠次・大久保長安・彦坂元正が担当します。同年霜月九日、彦坂元正の配下が気賀村の町中と中村与太夫に対し、気賀町中の諸役を直接命じるが、村々から苦情はでない、とする判物を与えます。同十五年二月三日の定書では、一か月のうち上一〇日はかりや町、下二〇日は本町が駄賃をつとめ、公方伝馬は相互に助け合いとしたうえで、規定違反者は東は見付宿、西は新城まで過怠として地頭伝馬をつとめさせる、としています。

寛永二年（一六二五）六月二十六日の大雨により本坂通は破損します。三代将軍家光の上洛に備え、同年十一月に道筋の修繕が決定します。工事は翌年正月から始まります。したがって、本坂通の東海道の予備ルートとしての地位は確保されていたといえます。

本町とかりや町との間で紛争が生じた結果、寛永八年十月二十五日に伝馬荷物の取扱いにつき、一か月を通して三分二を本町、三分一をかりや町とすることで決着します。さらに同十六年十一月・閏十一月、商人荷と武士荷についての取扱い方について規定書を作成しています。脇街道としては機能していたようです。

こうした状況は大きく変わらず、寛文十年（一六七〇）九月の気賀町問屋訴状のなかには、武士荷・商人荷を番にして馬継していること、時には幕府伝馬や武士衆荷物も通行することが述べられています。

道中奉行——江戸幕府の陸上交通担当者。定員二名。大目付・勘定奉行から各一名が兼務。

## ◉——宝永地震と通行禁止令

宝永四年（一七〇七）十月四日の宝永地震と津波により、東海道の交通が途絶すると、迂回路としての本坂通の利用が激増します。直後の十月十二日、気賀町庄屋は道中奉行に対し、気賀町は馬継場ではあるが伝馬役がないから人馬数が少なく、領主も小身であるから迷惑している、と注進します。そして十一月九日、気賀町庄屋は御油・浜松・見付宿問屋に対し、注進が認められ、道中奉行が本坂通への付通しを停止するように命じてきた、と通知します。

しかし実効はなかったようです。なぜなら宝永五年四月に嵩山村が次のような内容の願書を提出したからです。すなわち、しばらくのことと考えて難義に耐えて馬継してきたが、今切渡船が再開しても本坂通の利用者は減少しない。道筋に家居があるための難義であるから、通行が禁止できないのであれば、農家を山の谷奥に移したい。

一方、東海道筋の吉田・二川・白須賀・新居・舞坂・浜松宿は、旅行者の減少により収入が激減したようです。なかでも吉田・新居宿は、復興資金を領主の牧野家から拝借していましたから、収入減が続くことは痛手です。宝永六年正月に六か宿役人は道中奉行に対し、今切渡船の安全を確保するとともに、一か宿あたりに当面の救済金三千両の拝借を出願します。幕府が渡船場・渡海路の御普請を決定すると、

**中泉代官**——遠江・三河にある幕府領を支配する代官。中泉（静岡県磐田市）は陣屋所在地。

三月には見付宿から市野村、御油宿から嵩山村への継立禁止を出願します。

幕府による安全性向上工事は、宝永六年七～十一月に実施されます。しかし、今切渡船が危険だ、という風評が根強く続いたことは、翌七年二月の浜松・新居・白須賀・二川宿の願書に記されています。ここでは、幕府の公用通行者が今切渡船を利用するのに対し、参勤大名が本坂通を通行し続けているために、一般の旅行者も同様となっているので、参勤大名の本坂通利用の禁止を求めています。

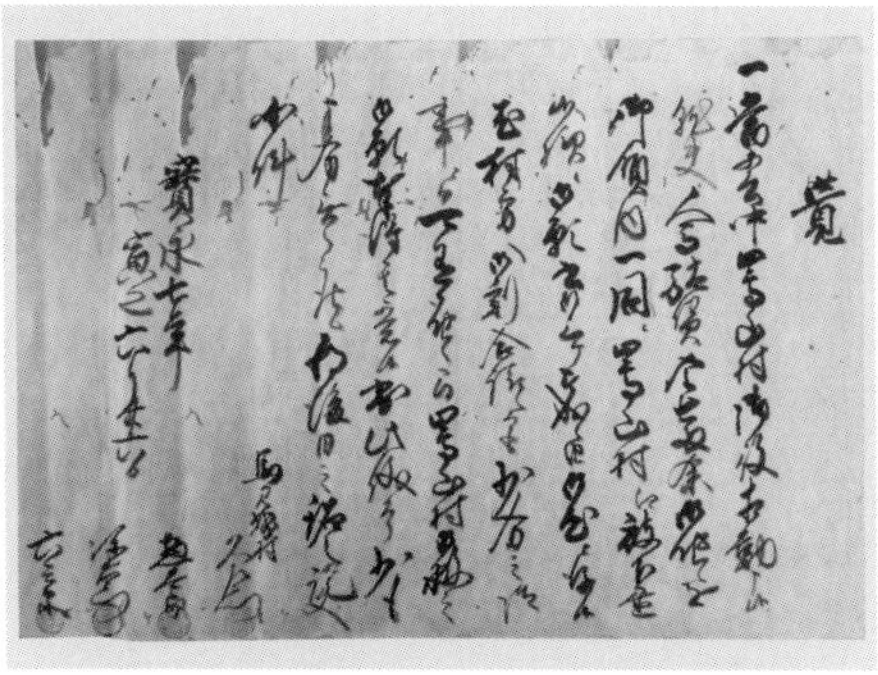
写真20　人馬駄賃銭の取扱につき請書
（愛知大学綜合郷土研究所蔵）

幕府は宝永七年三月、御普請が完了してから今切渡船の安全は保たれ、御用通行の役人衆は利用を再開している。今後は、参勤大名も東海道を利用することとし、本坂通通行は禁止する。但し、風雨などで渡海困難な場合は、例外とする、と命じます。同年六月、馬見塚村では出役して得た人馬駄賃銭の金七両を嵩山村の救援に使用することを了解しています（写真20）。

正徳二年（一七一二）三月、駅制改革にともなう道中筋条目を読み聞かされた気賀町役人は、住人にも伝達することを指示され、幕府の中泉代官に対し請書を提出します。この条目は、大名や三都の町奉行、五街道と貫目改所設置の宿が対象です。本坂通に対しても同様の措置があったことになります。

この改革に関与した六代将軍家宣の侍講新井白石は、自伝『折たく柴の記』のなかで、東海道を避け、中山道を利用する旅行者の増加を指摘

浄円院——和歌山藩主徳川光貞の側室。

していますます。陸上交通の枠組の立て直しは簡単ではなかったようです。それでも幕府は正徳四年十一月、東海道を利用すべきであるにもかかわらず、中山道を利用しているようなので、その理由を月番まで届けを出し、指示をうけるように、と命じます。御用通行の役人や参勤大名に対する抑制策です。

享保二年（一七一七）十月になり、道中奉行は、次のように決定し、見付宿・浜松宿・気賀宿・嵩山村・御油宿から請書を提出させます。それは、旗本や大名が正当な理由もなく本坂通を通行する場合は、禁止されていることを伝え、了解が得られない場合は報告する。旅人にも通行禁止を伝える。東海道筋から気賀、あるいは嵩山に向けての人馬は継立しない。市野に対する継立は上下ともに行わない、というものです。

## ◉——迎え役人・和歌山藩主の通行

享保三年二月二十一日、幕府は将軍吉宗の生母浄円院が紀伊和歌山から江戸へ下るための担当役人を公表します。指名された迎え役人は、若年寄・留守居・留守居番・目付・徒頭・小十人頭・医師・宿割・台所頭らの諸役人です（表6）。さらに翌二十二日には、旅行中の規定を発令します。その内容は、迎え役人は和歌山へ赴くこと、二条城の在番をつとめる大番頭のうち江戸に

表6　主な迎え役人

| 役　職 | 名　前 | 役　職 | 名　前 |
|---|---|---|---|
| 若年寄 | 石川近江守総茂 | 小十人頭 | 小笠原七左衛門長晃 |
| 留守居 | 朽木周防守則綱 | 同 | 長田新右衛門重堅 |
| 留守居番 | 石原勘左衛門安種 | 同 | 大島織部義浮 |
| 同 | 永井三郎右衛門治定 | 寄合医 | 藤本立泉元慶 |
| 目　付 | 鈴木伊兵衛直武 | 外　科 | 村山元挌淳庵 |
| 同 | 木下清兵衛信名 | 台所頭 | 岡田牧右衛門 |
| 徒　頭 | 土屋数馬宗直 | 宿　割 | 土屋平三郎正慶 |
| 同 | 飯河善左衛門俊信 | 同 | 三枝十兵衛守信 |
| 同 | 長谷川半四郎重尚 | | |

出典「有徳院殿御実紀」巻6、『徳川実紀』第8篇。

美濃路——東海道熱田宿から分岐し、名古屋―清洲―稲葉―萩原―起―墨俣―大垣を経て中山道垂井宿に向かう脇街道。

戻る二隊は、大坂で出迎え、警備にあたること、その際、宿泊場所には鉄砲一〇挺を備えること、などです。さらに同月二十七日には道中の宿割役人を和歌山に向かわせます。

三月四日には迎え役人に対し、浄円院が使用する街道を東海道・美濃路・本坂通とすることが指示されます。同月七日には、上方代官石原正勝に対し、台所方の担当を命じます。さらに同月十三日には、道や橋は傷んでいる場合だけ補修、道の掃除は通行の前日、休泊地の火消番は当日、用意する人馬も余分は不必要、などの通行時の対応が示されます。

三月十五日、迎え役人一同は、賜暇の拝謁にでます。特に、責任者たる若年寄石川近江守総茂には、将軍吉宗自身が羽織を下賜します。同月二十一日には浄円院に随行する面々に対する心得、同月二十四日には道筋の領主に対する指示を伝達します。このうち、前者は責任者の指示にしたがい、作法を守り、油断なくつとめ、道中で押買・狼藉をはたらかない、後者は、紀伊和歌山から浄円院が東海道・美濃路・本坂通を利用することを伝え、在国の場合は同行する石川に対してご機嫌を伺い、浄円院への献上品を一度だけ出すように指示しています。丁度、藩主信祝は在国中でした。

幕府の発令をうけ、三月二十九日に吉田藩では宝飯組代官である中山金左衛門を嵩山人馬御用に任命します。したがって、浄円院通行に関する領内への廻状は、中

**西往還**——吉田宿から御油宿に向う東海道。
**丁場**——割り当てられた受け待ち区間。
**助郷**——宿人馬の不足を補う村々。
**二川宿**——本宿二川と加宿大岩で人馬継立を行った。それぞれに問屋場がある。
**大助**——大規模通行の際に人馬を提供する村々。

山を中心としながら、地方役所・山方役所の役人衆が連名する形で発します。

準備開始早々の四月二日、領内の村々庄屋に対し、翌三日七つ時に嵩山村に集合するように指示する廻状が出ます。そこには、羽織袴を着用すること、当日は泊まりになるので、寝具を用意することが記されています。

石川総茂のほか、留守居朽木周防守則綱・目付木下清兵衛信名などの諸役人は三月二十七日に江戸を出立し、四月四日に吉田を通過します。こうした通行の際には、往還掃除や人馬の提供が村々に命ぜられます。

通行前々日の四月二日、前日と当日早天の西往還掃除役をはたすように、丁場をもつ下地村・横須賀村・羽田村・馬見塚村に廻状が出されます。掃除の内容は、街道を整備する盛砂や芝の手入れです。

人馬については、東海道二川宿から吉田に至る通行の場合は、まず二川宿の人馬を使用し、不足すると助郷に割り当てます。吉田方五か村は二川宿の大助に指定されているので、二川宿からの指示に基づき、人馬を用意しました。員数を知らせる助郷触は、二川宿問屋か大岩町問屋からの廻状になります。具体的には、四月三日に二川宿問屋から吉田方五か村に対し、馬五八疋を翌四日の明六つ時迄に到着させるように、四月四日には大岩町問屋から人足九五人を翌五日明六つ時迄に到着させるように、とする廻状が出ます。行列の規模が大きく、二川宿を通過するのに、二日間を要したのでしょう。

大村五か村——長瀬村・住吉村・柴屋村・大礒村・沖木村の総称。

迎え役人は、嵩山村から吉田までの街道を調査したようで、この間で使用する人馬の用意を命じる廻状も出されています。こちらは、嵩山人馬御用をつとめる中山金左衛門からとなります。その対象は、大村五か村・下地村・吉田方五か村です。これら一一か村を嵩山人馬御用村と呼ぶことにします。

三月二十八日~四月五日に出役した人馬に対し賃銭が使用者から支払われ、嵩山村庄屋が村々に精算を知らせる廻状を七月二十三日に出しています。それによると、関係したのは一一一か村、村高合計三万五千石で、総額四両二分余から筆・墨・ろうそく代一両一分余を除いた三両一分余を銭換算した後に、村高一〇〇石あたり銭二二文二分余で配分しています。

和歌山藩主徳川宗直も同様に国元に向かいます。吉田の通過に備え、四月六日に西往還掃除が命じられます。当初四月九日だった吉田通過日が、今切渡船の延引で同月十日に延期されます。吉田方五か村には、四月九日朝五つ時までに馬四七疋を到着させて待機するように二川宿問屋から廻状が届きます。しかし、再度、四月九日夜七つ時までに馬五八疋を到着させて待機するように大岩町問屋から廻状が届きます。一度帰村してから、馬数を増やしての出役でしょう。

## ◉——浄円院の通行とその後

迎え役人と和歌山藩主が和歌山へ向かう間にも浄円院の江戸下向準備が進みます。四月四日の幕府道中奉行の廻状は浄円院の行列について、次のように告知しています。

①浄円院が下向する際、道筋の宿々に住む男女が目通りに出ることは構わない。しかし、外から行列をみるために人が多く集まることは無用。

②幕府領を通行する際、代官・手代は目通りに出る。ただし、代官所の役人が不足する場合は、村役人などが手代に加わり、要所〳〵で番人をつとめる。通行の際は、番人を立ち退かせ平伏する。

③私領の場合も既に通達したように家来・足軽などを要所〳〵に置く。ただし、道筋に家来を出す必要はない。

吉田藩は村々から足軽を雇うことを計画し、四月五日に二六か村で合計四〇人を選び、下五井村庄屋に組頭が才領として同道するように指示します。当初、四月八日に出頭することが求められていましたが、和歌山藩主の通行が迫っていたために、日延べとなります。

四月十日の廻状では、嵩山人馬御用村にたいし、用心囲駕籠を用意するために、検見駕籠の調査を命じ、七挺を用意できることが判明します(写真21)。挺数不足だっ

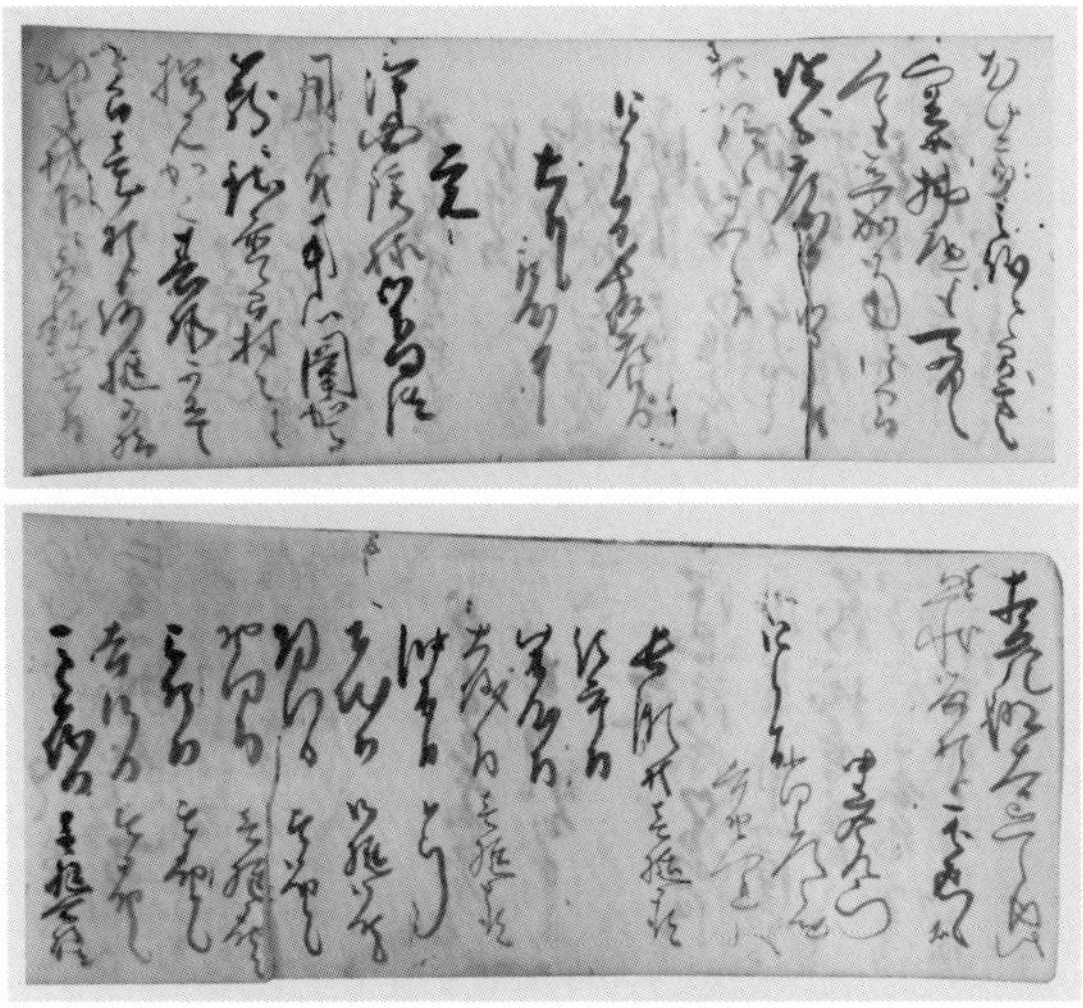

写真21　浄円院通行につき囲駕籠取調
（愛知大学綜合郷土研究所蔵）

たようで、結局四月十三日の廻状では、他村の駕籠をあわせたうえで、四月二十日までに嵩山村に届けるように指示されます。

足軽の雇用は、四月十三日になり、再度の廻状が発せられ、同月十七日に人選が終わり、才領として同道する高足村に対し、月代をきれいにに保ち、衣服にも注意を払い、町宿を活用して準備するように命じます。

四月十六日には、通行に備えての規制を通知します。対象となるのは、アルコール依存症を持つ場合や、放れ馬や犬猫などです。さらに同日には、家老小畠助左衛門・用人和田理兵衛が道筋を見分するので、同月十八日から予定していた往還掃除を一日前倒しするとともに、人足の増員を指示する廻状が出ています。

四月十七日、嵩山人馬御用の中山金左衛門から吉田方五か村は、御先女中衆御用のための人足三五人を嵩山村まで出役するように指示されます。しかしその際、日程が全体的に遅れ気味であることが記されています。さらに四月二十日には、追加として馬一四疋・人足五四人を用意するように中山から廻状が出されます。そこには、殊更に手づかえが生じていることが、その理由としてあ

美濃路清須宿——愛知県清須市。
東海道鳴海宿——名古屋市緑区。
赤坂宿——豊川市。

げられています。さらに同日には、御用荷物の人足二四人の出役が吉田方五か村に指示されています。

四月二十一日の急御用を命じた廻状では、三相村・馬見塚村・吉川村に馬一疋ずつを用意させて、三相村・馬見塚村は、吉田城二の丸下台所前の雨宮平八・杉山半蔵、吉川村は八丁小路の中川半太夫まで出向くように指示しています。翌二十二日には、同じく馬三疋を廻状到着次第に吉田城三の丸門前で待機する賄方堀口沖右衛門まで出向くように命じています。場所や役目から嵩山村における接待に関係する廻状でしょう。後者の廻状には、人馬の用意が不自由になった、とありますから、村々の負担は限界に近づいた感があります。

足軽については、四月二十一日に病気による欠員があるまま、翌日の出頭日に備えるように指示されます。結局、足軽として用意した要員は、人足としてつとめることになったようで、村々に周知させる廻状が四月二十六日に出ています。

さて、浄円院は、四月十五日に和歌山を発ちます。その際には、和歌山藩士の二三名が幕府御家人に編入されて同行することになります。江戸へ向かう一行は、同月二十一日に美濃路清須宿で昼休み、東海道鳴海宿で止宿、翌二十二日は赤坂宿で泊まります。御油宿を経て、吉田領内です。

四月二十三日、浄円院は吉田城下での休憩を終えたのち、嵩山村で昼食をとります。同行する迎え役人の一部が東海道を使用したために、吉田方五か村は二川宿問

当古村――豊川市当古町。

中陰――四十九日。

屋からの助郷触で人足五八人を用意することになります。そこには、助郷高一〇〇石につき人足八人と割付基準が記されるとともに、急御用ではあるが、大切な通行であるので、老人・子どもは出役させないよう注意喚起されています。

四月二十四日、当古村の渡船場で定員超過による事故が発生したことを知らせ、水死人の捜索を指示する廻状が下流域の村々に対し、八名組同心から発せられます。浄円院の通行後、帰村する人足で混み合った結果です。翌日には、水死人を発見し、事故処理の終了を知らせる廻状が出ています。

浄円院は、四月二十三日には気賀宿で泊まり、翌二十四日は東海道見付宿で休み、袋井宿で泊まり、その後も順調に旅を続け、五月朔日に江戸に到着します。

六月十一日に嵩山人馬御用中山金左衛門が出した廻状によると、浄円院の通行に渥美組一五か村が用意した人馬は、五六三疋・一〇三一七人になります。

浄円院は江戸城二の丸に住み、享保十一年六月九日に死去します。吉田藩は六月十二日に村々に対し、普請は七日、鳴物は当分の間の停止を命じます（写真22）。同月十五日には、浄円院の中陰を理由に家中の礼を中止します。その後、普請停止は六月十七日、鳴物停止は同月二十六日に解除されますが、雨乞は特例とし、遊興などの鳴物は遠慮が命ぜられます。

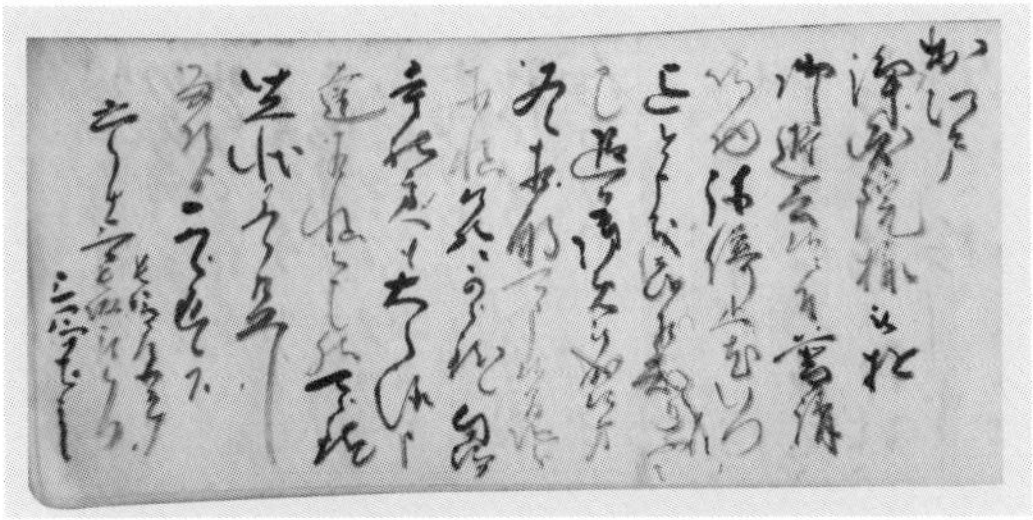

写真22　浄円院死去につき普請・鳴物停止
（愛知大学綜合郷土研究所蔵）

## 六　松平信祝、遠江浜松へ

### ◉――大坂城代就任と今切関所の管理

正徳四年（一七一四）九月六日に奏者番となって以来、藩主信祝は江戸城の内桜田門番や三の丸火の番、日光山大猷院廟名代、国元では通信使に対する吉田宿・新居宿における馳走役など、様々な勤役をこなしています。そして享保十四年（一七二九）二月二日に大坂城代に任ぜられ、従四位下に除せられます。これに併せ、吉田城は今切関所があり、大坂城代をつとめることになったので、遠江浜松藩主松平資訓と交代すべし、と命ぜられます。

この就任には、次のような事情があります。享保十三年十月七日に出羽山形藩主堀田伊豆守正虎が任命されましたが、赴任途中の翌十四年正月二十二日に伊勢亀山で病死してしまいます。急遽、後任となったのが伊豆守信祝です。ともに伊豆守であったことから「是や此の　行も帰も伊豆守　死ぬも死なぬも　大坂の役」という狂歌がうたわれたといいます。

領内に対しては、二月六日に大坂城代就任の祝儀に村役人が諸役人を廻るように指示が出され、同月十八日には火の元注意の厳守とともに、落ち着いた行動をとることが追加発令されます。

**奏者番**――諸行事の際、将軍と大名・旗本とを結ぶ伝達役。幕閣へのスタートとなる役職。

**通信使**――朝鮮王朝から派遣される使節。対馬藩宗氏が同行した。この場合は、八代将軍吉宗襲職にともなう慶賀使。

**大坂城代**――西国大名を監視する幕府の要職。

**伊勢亀山**――三重県亀山市。

所替にともない、二月二十一日に上米の制による上納米が免除され、三月五日には出願した一〇年譜返済の拝借金一万両を幕府から認められます。同月十六日、信祝は大坂在勤中の参詣が困難なことから、平林寺に赴きます。

吉田では、大坂城代就任にともなう同所における勤番に、浜松への引越が重なります。勤番人数は、規定では知行高のうち四万石の軍役です。

藩主信祝は、四月朔日に任地に赴く暇を将軍吉宗から給うと、同月七日に江戸を出発します。四月十四〜十六日の三日間は吉田に逗留し、同月二十二日に京都に立ち寄り、所司代牧野英成に面会します。翌二十三日に大坂に到着し、同月二十五日に事務を引き継ぎます。

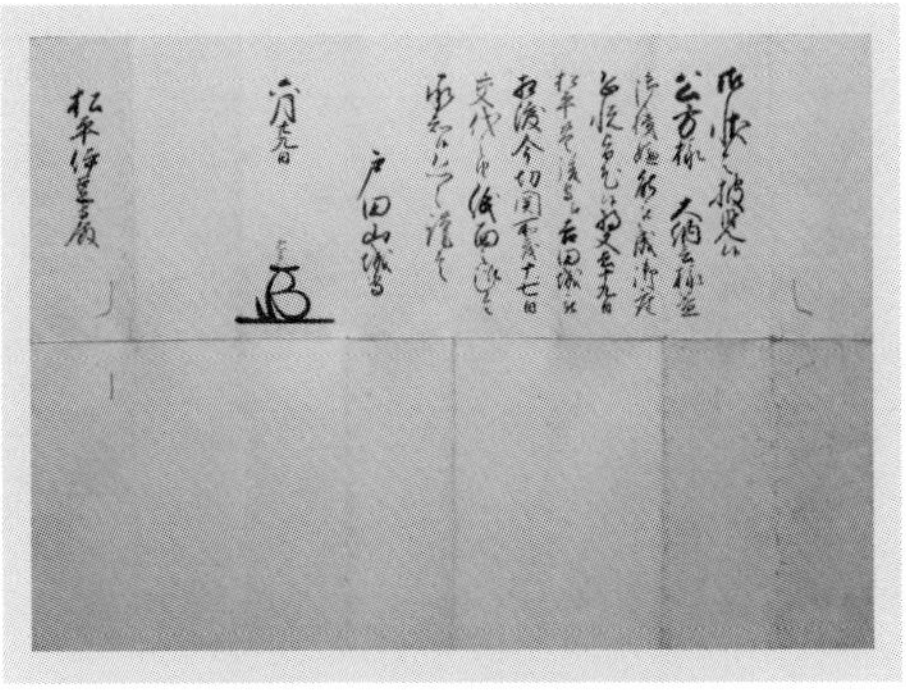

写真23　戸田忠真老中奉書
（豊橋市二川宿本陣資料館蔵）

東海道に往還掃除丁場を持つ村々に対しては、出立前日の四月十五日未明から掃除人足の出役が指示され、芝の巻替えが行われます。五月五日には、幕府の規定にしたがい、所替送り人馬の提供が指示されます。その割合は、村高一〇〇石につき馬一疋・人足一人ですが、助郷村は半高です。距離については、二日路送りが原則ですが、一日路で済むことから浜松までとなりました。

一方、今切関所を六月十七日、吉田城を同月十九日に松平資訓に引き継ぎ、二十三日に浜松城を請け取ります（写真23）。

三浦竹渓——通称平太夫、享保十八年（一七三三）から藩主信祝につかえた儒学者。竹渓は号。

稲生下野守——旗本。勘定奉行・町奉行・大目付などをつとめた。

## ◉——松平伊豆守家のその後

延享元年（一七四四）四月十三日、死期を悟った遠江浜松藩主松平信祝は、一同に会した家族を眼前にして、嗣子信復に遺言を残します。その書出は「おれか《が》命ハもふ《う》ないものしや《じ》、忠孝の外ハ有まいとおもふ《う》程に、家中の者えハ仁を以、あわれみをするやうに」と前置きし、次のように命じます。

①信復は学問に励んでいるので言うまでもないが、聖賢の道は三浦竹渓に尋ねる。

②家風があるので、古法は守るべきであるが、当世風もあるので、こだわることはない。

③有力者をはじめ、幕府に関することは稲生下野守正武に尋ねる。

④財政が逼迫しているので、下卑たことでもありがたがるようになるが、それは避ける。

⑤家中の面々も信復のことを第一に心がける。

そして最後に次のように告げます。それは、「兎角忠孝の二つに皆こもる事しや《じ》とおもふ《う》か《が》、もはや皆退散致せい、末々迄ハ行届くまい程に、言う通りするよふ《う》にせい」です。

信祝が亡くなったのは四月十六日でしたが、公表されたのは同月十八日のことで

交替――松平資訓が京都所司代に就いた。

す。家督を継いで三六年。六二歳でした。

嫡子信復は享保二年の生まれ、父信祝の跡を継いだときは二六歳でした。寛延二年（一七四九）十月十五日、松平資訓と交替で、浜松から吉田に所替となります。二〇年振りに戻ってきたことになります。

## ◉――松平信祝の時代とは

吉田藩主となった松平信祝は、畑方請免の導入、町裏支配の強化、引米の開始、様々な新法による藩制の変更を実施します。それぞれの政策は必要に迫られたものでした。しかし、確実な成果が実現しないままで、所替となります。もちろん、松平伊豆守家の政策として新領地で継続することは可能ですが、浜松藩主時代のことは、研究が進んでいません。そこで、現時点で指摘できることだけをあげることにします。

畑方請免は、それまでの畑方の麦検見、田方検見という検見制度を畑方請免・田方検見という新制度にかえるものです。しかし、自然災害が頻発して畑方請免の実施が困難な場合が多く、実態としては畑方見分・田方検見となりました。

町裏は、在方に属していながら、流動性が高い住人の実態から、町方の支配が必要な地域です。こうした背景から、防火と治安対策が中心になります。

引米は家中に対する救済措置後に発令され、新法もその数を増し、本格的に藩制が整備されます。きっかけは、前藩主の信輝が死去し、現藩主信祝に制約がなくなったことです。

もちろん新法は、時代に応じた藩制の対応です。特に役職の整備、ポストの増加と職務の細分化は必然です。大奉行は、享保十五年に海法小隼が中老に就任すると、船津伝兵衛が見習から本役になります。その後、数名の就任者があるだけで、役職としては定着しません。結果として、新設は失敗です。これは、海法小隼が中老、さらに家老に昇進するという通常のコースを経たことからくる弊害でしょう。結局、海法のための大奉行ということになったのです。庶民生活に近い諸色運上などを含め、評価が課題です。

本坂通の通行を幕府が禁止した直後の将軍生母の通行は、将軍吉宗の専制的な側面のあらわれです。『土倉玄忠一代記録』には、災害復旧工事が浄円院の通行による人員不足で延引している、とあります。通行のための人馬動員が原因です。亡くなった後の普請・鳴物停止は、他藩の例と対照しなければなりませんが、手厚いものです。松平信豆守家の当主たる行動です。

# 参考文献

## 【既発表拙稿一覧】


「三河吉田藩における畑方請免の導入」、『愛知大学綜合郷土研究所紀要』第五五輯（愛知大学、二〇一〇年）所収。

「享保期における三河吉田藩の町裏支配」、『愛知大学綜合郷土研究所紀要』第六四輯（愛知大学、二〇一九年）所収。

「三河吉田藩にとっての『新法抜書』」、『愛知大学一般教育論集』第五七号（愛知大学、二〇一九年）所収。

「将軍生母浄円院の本坂通通行」、『愛知大学　綜合郷土研究所紀要』第六八輯（愛知大学、二〇二三年）所収。


## 【刊行書】


大口喜六『国史上より観たる豊橋地方』（豊橋史談刊行会、一九三七年）。

見城幸雄「旧吉田藩領三州渥美郡馬見塚村の本途物成負担の実態」、『愛知大学綜合郷土研究所紀要』第六・七・九輯（愛知大学、一九六〇・一九六一・一九六三年）所収。のち同『江戸時代の農民支配と農民』（岩田書院、二〇〇〇年）に収録。

豊橋市史編集委員会『豊橋市史』第二巻（豊橋市、一九七五年）。

田﨑哲朗「史料紹介土倉玄忠一代記録」、『愛知大学綜合郷土研究所紀要』第三七輯（愛知大学、一九九二年）所収。のち同『三河知識人史料』（岩田書院、二〇〇三年）に収録。

渡辺和敏『東海道交通施設と幕藩制社会』（岩田書院、二〇〇五年）。

豊橋市二川宿本陣資料館『歴史の道姫街道展』（豊橋市二川宿本陣資料館、二〇一一年）。

久住祐一郎『三河吉田藩』（現代書館、二〇一九年）。

同『江戸藩邸へようこそ　三河吉田藩「江戸日記」』（集英社インターナショナル、二〇二二年）

【刊行史料】


「三河国聞書」、久曾神昇編『近世三河地方文献集』（国書刊行会、一九八〇年）所収。

「三州吉田記」、近藤恒次編『三河文献集成・近世編』上（国書刊行会、一九八〇年）所収。

「新法抜書」、豊橋市役所『豊橋市史』史料篇三（豊橋市役所、一九六二年）所収。

「三河国八名郡嵩山村書上扣」、豊橋市役所『豊橋市史』史料篇六（豊橋市役所、一九六五年）所収。

「野依村雑品録」、豊橋市役所『豊橋市史』史料篇七（豊橋市役所、一九六六年）所収。

「大河内家譜」「従古代役人以上寄帳」「信祝座右記抄」、豊橋市史編集委員会『豊橋市史』第六巻（豊橋市、一九七六年）所収。

愛知大学綜合郷土研究所『三州渥美郡馬見塚村文書』年貢一（愛知大学、一九七七年）、御用留一（同、一九七九年）・御用留二（同、一九八〇年）、戸口（同、一九八五年）。

「本坂通御往来留書三」、『細江町史』資料編一（細江町、一九八〇年）。

「有徳院殿御実紀」巻六、新訂増補国史大系四五巻『徳川実紀』第八篇（吉川弘文館、一九九九年）。

藩法研究会『藩法集』5「三河・吉田藩」（創文社、一九六四年）。


【未刊行史料】

愛知大学綜合郷土研究所蔵「三河国渥美郡馬見塚村渡辺家文書」

## おわりに

このブックレットの執筆には、愛知大学綜合郷土研究所が所蔵する三河国渥美郡馬見塚村渡辺家文書を活用しました。学生時代から筆者が親しんできた史料群です。馬見塚村の他にも三河吉田藩の村方史料は残っています。それらを分析すれば、正徳・享保期の時代像が異なる可能性があります。多様な歴史の描き方があることを前提としながら、現時点での筆者の時代像を示したつもりです。まだまだ不十分な部分やまったく触れることができなかった側面もあります。それらは今後の課題とします。

執筆にあたり、公益財団法人神野教育財団から助成をうけることができました。感謝します。

令和四年（二〇二二）十一月

筆者

【著者紹介】

橘　敏夫（たちばな　としお）

1956年　愛知県生まれ
1982年　愛知大学文学部史学科卒業
現　在　愛知大学綜合郷土研究所研究員
　　　　同非常勤講師

**著書・主要論文**

『藩札　江戸時代の紙幣と生活』
「文政・天保年間における三河吉田藩政の動向」
(『愛知県史研究』第 11 号)、「嘉永二年の年番辞退申し出にみる宿組合の問題点」(『地方史研究』第 344 号)、「遠州中泉代官竹垣庄蔵による文政の宿駅改革」(『交通史研究』第 77 号) など

愛知大学綜合郷土研究所ブックレット㉜

**正徳・享保期の三河吉田藩**
**松平信祝とその時代**

2023 年 1 月 23 日　第 1 刷発行
著者＝橘　敏夫 ©
編集＝愛知大学綜合郷土研究所
　　〒441-8522 豊橋市町畑町1-1 Tel. 0532-47-4160
発行＝株式会社シンプリ
　　〒442-0821 豊川市当古町西新井23番地の3
　　Tel.0533-75-6301
　　https://www.sinpri.co.jp

ISBN978-4-908745-20-1　　C0321

# 刊行のことば

愛知大学は、戦前上海に設立された東亜同文書院大学などをベースにして、一九四六年に「国際人の養成」と「地域文化への貢献」を建学精神にかかげて開学した。その建学精神の一方の趣旨を実践するため、一九五一年に綜合郷土研究所が設立されたのである。

以来、当研究所では歴史・地理・社会・民俗・文学・自然科学などの各分野からこの地域を研究し、同時に東海地方の資史料を収集してきた。その成果は、紀要や研究叢書として発表し、あわせて資料叢書を発行したり講演会やシンポジウムなどを開催して地域文化の発展に寄与する努力をしてきた。今回、こうした事業に加え、所員の従来の研究成果をできる限りやさしい表現で解説するブックレットを発行することにした。

二一世紀を迎えた現在、各種のマスメディアが急速に発達しつつある。しかし活字を主体とした出版物こそが、ものの本質を熟考し、またそれを社会へ訴える最適な手段であると信じている。当研究所から生まれる一冊一冊のブックレットが、読者の知的冒険心をかきたてる糧になれば幸いである。

愛知大学綜合郷土研究所